U0856880

陈能杰 著

新商业图景

万物互联时代的商业重构与新范式

New Business

北京联合出版公司
Beijing United Publishing Co.,Ltd.

图书在版编目（CIP）数据

新商业图景：万物互联时代的商业重构与新范式 / 陈能杰著. —北京：北京联合出版公司，2018.4
（新商业时代三部曲）
ISBN 978-7-5596-1622-7

Ⅰ. ①新… Ⅱ. ①陈… Ⅲ. ①企业管理－研究－中国 Ⅳ. ①F279.23

中国版本图书馆CIP数据核字（2018）第018555号

新商业图景：万物互联时代的商业重构与新范式
作　　者：陈能杰
选题策划：北京认知空间文化传媒有限公司
策划编辑：赵　易
责任编辑：张　萌
特约编辑：韩　笑
封面设计：红杉林文化

北京联合出版公司出版
（北京市西城区德外大街83号楼9层　100088）
北京雁林吉兆印刷有限公司　新华书店经销
字数 218千字　680毫米×960毫米　1/16　17.5印张
2018年4月第1版　2018年4月第1次印刷
ISBN 978-7-5596-1622-7
定价：59.00元

短评和推荐语

时代越快，你越要慢下来，用一种战略眼光看清楚再行动。

陈能杰的这本《新商业图景——万物互联时代的商业重构与新范式》（后简称《新商业图景》）就给了我们这种战略的眼光。本书把现在的各种概念和理论梳理清晰，有机地组织起来，形成一套可以自洽的理论逻辑体系，也确实能拓展我的思维和视野。

本书从新需求、新供给、新市场、新世界到新技术，最后引出新商业，完整地阐述和展示了科技进步推动商业社会变迁的底层逻辑。分析和论述了万物互联的新连接状态下，组织、运营、品牌等各类要素是如何演化及相互作用，以及零售、物流、金融和智造领域已经、正在或者将要发生的变化。这为我们怎么才能更好地利用大趋势下的时代红利提供了可行的指导性观点和丰富的可参考案例。

作为一名管理咨询高手和产业投资人，能杰经手了非常多的企业转型案例，在实践中积累了丰富的经验，而产业投资的经历则又提升了更广阔的视野和多元化的视角，这些都为本书的高度和深度奠定了坚实的基础。从这个方面来说，《新商业图景》也是值得一读的。

——光源资本合伙人　崔婧

凯文·凯利说：“作为一种新文明，科技像任何生命体一样，有内生的持续成长动力，甚至不以人的意志为转移。”今天，商业社会已全面进入移动互联网时代，未来人工智能对商业的影响甚至要超越互联网。在中国商业的最前沿，我们发现人类越来越依赖技术，而技术越来越支配人类的商业活动。新的商业图景必定是基于科技创新所产生的各种全新应用，但是商业的本质却不会因为技术的升级而改变。特别是在人性的洞察、价值的挖掘以及供给的优化等方面，需要有理论和实践的双重实力，才能勾勒出未来商业图景中各种要素，并组织它们之间的逻辑关系，同时，还能收放自如回归商业的本质问题。本书用自己的观察为新商业图景进行了溯源，为当下新商业模式的探索和实践提供了理论依据。

我清楚意识到本书对商业进步的价值。我在组织创新创业黑马集训时，就邀请能杰为我的学生做创新的讲学。正如当年《互联网思维独孤九剑》一书所做的互联网扫盲一样，能杰试图系统地诠释新商业图景下的各种场景及创新技术的应用，从他独创的“新商业图景（全局）”的模型来看，本书是在人性、创新、文明、市场、科技五个维度推演“连接”重构的新商业图景，提出互动无处不在、大数据让一切变得可量化、云计算改变了人与资源的连接方式、物联网让连接一切成为可能等核心观点，并对组织、运营、品牌、零售、物流、金融、智造等领域进行全新论述，试图从多视角观照新商业图景。

今天的商业创新虽说是新技术所驱动，但我更认为是人们思想的创新。管理大师阿兰·韦伯说：“新经济版图不在科技里，也非在芯片，或是全球电讯网络里，而是在人的思想疆界里。” 这本书的重要价值是唤醒我们行将桎梏的商业思想，以开放、创新、跨界的思维迎接商业挑战。

——广西财经大学工商学院副院长　罗胜

今天写一本好书，比以往任何时候都难。今天的好书必是繁华的，也必是深沉的。非繁华，不足以呈现这个日新月异的世界，不足以亲近最广泛的读者；非深沉，不足以回归本质、令人回味。《新商业图景》便是这样一本关于信息智能时代的好书。在这本书里，有古今名家的灼灼洞见，有创新企业的鲜活案例，还有理论模型的条分缕析，这是一场盛宴。书中还暗含着一条社会变迁的主线，从技术到组织、到战略、到商业，再到人类的未来，由点及面构建起信息智能时代的商业图景，更引发人类命运的哲学思考。作者要带我们追随真正的经典，探求终极的真理。这是一条没有止境的路，本书不是终点，而是起点。

——中骏资本董事总经理　皮里阳

我和陈老师认识颇早，从陈老师那里学到了很多东西，现在可以去研读他所撰写的图书，用握于手中的纸张，开拓我闭合的视野。

一本书，能握于手中，又岂止是掌中这一叠纸张。用一本书描绘整个商业的图景何其不易，但是为了给整个时代抛砖引玉，提出大连接的终极概念，包括企业与个人之间、人与人之间、时代与时代之间的物换星移，又是多么具有挑战性和革命性的行为！

这让我想起麦肯锡2011年6月的创世纪报告：Big data : The next frontier for innovation competition（大数据：创新竞争的下一个前沿），现在回头看这份报告，虽然某些预测因为当时的科技成果有限而导致预测不准，但麦肯锡面对人类数据时代来临，那种站在山头摇旗呐喊的担当和使命感，正是这块金字招牌长盛不衰的终极原因。

希望大家能够从这本书中感受到时代的更迭，更重要的，是作为一个个体，依托书本，打开视野，看到不一样的世界。

——清华大学市场治理研究中心副秘书长　史悦

同学能杰是位善于思考、笔耕不辍的人，摆在眼前的这本《新商业图景》是他的又一力作。从《互联网思维独孤九剑》到《新商业图景》，能杰的创新能力让人赞叹。

新动力、新连接、新组织、新商业图景、新引擎、新运营、新品牌、新零售、新物流、新金融、新智造，一连串对新生事物的总结和解读，足见能杰对事对物的洞察和敏感。然而，这些新名词背后是否存在某些潜行的规律呢？如果有规律的话，那么新商业图景背后隐藏的规律到底是什么？相信读者深入研读后能有满意的答案。那么，就请开卷有益吧。

——和君商学战略投资部副总经理　赵栋

我们正在经历康波周期中的混乱时代，处在信息社会到智能革命变革的前夕。一个“泛个体化”时代即将来临，当下世界的组织规律和商业形态正在出现巨大的转变。信息的断层和突变，文化边界的解体、巨大裂变、拓展，已经影响到现实生活。未来的人类社会是可以用“科幻想象”来进行描述的。这种想象没有边界，没有限制。商业推动社会发展，想象推动认知进步，认知推动人类组织的整体进程。跟随本书的节奏，沉下心来认真思考未来商业突围的机会，以便从容应对即将到来的巨变未来。

——借箭人才共享平台CEO、《运营有道——重新定义互联网运营》作者　李明轩

每个新时代，都会涌现出新的商业英雄。他们之所以能够胜出，关键在于因势利导，打破常规，实现“范式转化”。商业范式与商业模式的区别在于，前者是“企业所共同接受的商业假设、理念、价值逻辑和实践模式的总和”，而后者更多是一种业务模式，或者说是商业范式的一种体现。这些年，常听到身边的企业家朋友感慨：如果不保持学习，紧跟时代，就会一夜之间“不知有汉，无论魏晋”。的确，新的时代，新的打法，新的范式，诞生了很多新的问题和商业机会，而本书则给出了最详尽也最深刻的归纳和解读。

读完此书，才能更好地了解我们究竟身处一个怎样的时代。如此，吾心可安。

——涌泉资本创始合伙人、投行大师兄公众号唯一作者　程珺

这本书讲解的新商业图景，就是科技变革下的“新商业的本质”，作者构建的图景是宏大的、完整的、细致的：科技是当今人类社会不可缺少的，而我们又必须通过科技令生活与所在的城市更美好。我喜欢看陈能杰写的故事，他精选的案例总是透着陈氏智慧，寥寥几笔就把道理讲得很有味道。作者本人也是这样按照他书中的世界观去践行和迭代自我的，让他在同龄人中闪烁着某种不一样的智慧。如果您想透过一本书读懂新商业时代，我推荐陈能杰的《新商业图景》。

——佰川控股投行总监　张智强

有一个问题值得深入思考，那就是：我们当前究竟处在一个怎样的时代？从远古的渔猎采集时代到农业文明时代，蒸汽机的发明开启了工业文明时代的序幕，电气设备的出现和发展，使人类进入电气化时代，电子计算机与互联网的横空出世让每个人都感受到了信息时代的便利与变革。

中国的“超级繁荣”与全球信息化浪潮的同频共振迸发出了巨大的能量，催生出了一大批商业生态中的“新物种”“新形态”“新思想”。什么是推动未来商业发展的新动力？新连接的要素和维度都有哪些？重构新连接的组织形态如何？未来的商业是怎样的图景？数据连接和驱动构成的新引擎对社群的运营有哪些挑战？IP（Intellectual Property知识产权）为王，内容连接打造新品牌塑造，未来的零售、物流、金融与制造又将呈现出怎样的生态？笔者的这本书给出了很好的解读。站在未来，活在当下，你是否准备好了，去迎接这个伟大的时代？

——中国西班牙校友会主席、华融证券战略部副总经理　牛虎

本书着力于向读者呈现以数据为连接，以人为中心，建构的以体验为核心的社群商业与以效率为核心的智能商业两类商业新形态。强调以消费者为中心，尊重消费者的诉求，通过消费者的诉求表达和厂商纵向连接，直接推动厂商改造组织和配置资源，以实现“精准生产、随需应变”，以推动价值链上的供给侧改革。

全书综合运用理论、数据与案例，对当前的新技术与新经济展开研判，并对未来商业图景的诸多观点提出独到的见解，深入浅出，展现出作者强大的叙事能力，是一本非常适合非专业人士的Guide Book（指导书）。

——上海财经大学国际工商管理学院副教授

博士生导师　万君宝

《新商业图景》凝聚了能杰五年来的思与行，既涉猎广博，又切中穴脉；既打通新商业的多维度空间，又一一厘清策略要点。正如他在书中反复阐述的“奇点”“节点与连接”“分与合”“聚与散”“线上线下闭环”“打造IP”“用户触点的场景创新”“人机共生，物我合一”。

能杰认为“人类的整个知识体系犹如一棵倒长的树”，他试图用全景式视角，大开大阖地呈现“新商业图景”。用笔者作为策划人的座右铭来表达他的野心，也颇为切题：“大势着眼，体察入微，直指人心。”能杰的野心，还表现在对实操延展的掌控上。显然，五年来大量的咨询和投资的操盘经历给了他极大的信心。

能杰的野心和情怀值得褒奖。但如此大跨度多视点的频道切换，难免导致部分章节的轮廓不清……没事儿，你还年轻，三十而立，且思且行且珍惜！

——一元文化董事长、《名品廊》创刊人兼总编　谭浩

傅盛有句话让我印象深刻：“人和人最大的差别是认知。”创业者和企业家的境界差别，最根本的也来源于认知，也就是对行业的理解和洞察。能杰是一个非常善于去洞察新事物的专家，从参与写作《互联网思维独孤九剑》到独著这本《新商业图景》，他都试图从系统和宏观的角度去把他个人的洞察写出来，给读者以启发。我是一个受益者，我也相信每个读者都能有所收获，并在新商业图景的体系基础上，结合自己的行业和企业问题，找到认知层次上的一些可落地可执行的感悟。

——智筹创始人兼CEO　周磊

这是一本写给想要了解未来商业趋势的人的书。我们知道，谁站在未来，谁就拥有先机。陈能杰用清晰的思路，开阔的视野，从连接入手，对未来人类商业图景进行了全方位的思考，很多观点颇有洞见，值得一读！

——《好好学习》作者、得到APP“每天听本书”说书人　成甲

对智能化时代的商业思考、人与智能机器共舞的场景畅想、万物互联下商业图景的描绘，都在本书中一一展开。无论商业时代怎样丰富复杂、多变突异，具有个人创造性的深度思考，和对底层基因与根本性元素的探索都很有价值。

——VSPN副总裁　顿德化

目录
CONTENTS

序1　新商业时代的本质是探究不确定性

叶檀

财经女侠、财经评论家、财经专栏作家

有个小男孩名叫王俊凯，因为一条微博，粉丝给他送了十八颗星星拼成的WJK，还送了一个二十多万元的望远镜，这才刚刚开始。这些流量明星的粉丝自组织，比其他任何组织都不差。又是接机送机，又是外宣，又是刷榜单刷票房，又是送礼物。这种新形态的粉丝经济是前所未有的，是新商业时代粉丝经济的代表。

万物互联，无所不在其中。当你冰箱里一无所有的时候，海尔智能冰箱会直接下单买吃的。这些后台数据到底会用在什么地方呢?

上面这些问题，是新商业时代的一些典型问题。

2015年，我曾经主持《新财富夜谈》的访谈节目，录制一期关于互联网电影的节目。当时，能杰作为其中的一位嘉宾，与另一位嘉宾——上海大学影视学院副院长聂伟，我们共同探讨“互联网+电影”的话题。在节目中，能杰对“以电影为代表的内容产业如何与互联网思维和技术结合，重构新模式”以及“互联网BAT（B=百度Baidu，A=阿里巴巴Alibaba，T=腾讯Tencent）巨头如何通过自身流量和资本的优势，重塑产业”等话题侃侃而谈。他的基本功之扎实、眼界之广阔、见解之独到，给我留下了深刻的印象。

能杰的研究还在继续，对社群、IP、场景、数据、新金融和物流、智能制造等新商业时代的命题进行深入探讨。他将所有的观察、探究和思考，写进了这本书中。

我在这本书中看到了三个词：敏锐、深度和体系。

敏锐，主要体现在对这个新商业时代发展脉搏的细微把握。所有新事物，从新技术的演变，到新组织的重构，再到新模式的迭代，最后到新范式的转化，都被他一一洞察和纪录下来。对把握整个新商业时代的动向，预测未来的趋势和发展，具有重大的意义。他的研究案例包括暴走、二次元，当然也有传统企业。

深度，体现在他通过抽象的构建，总结出新商业背后的一套思维范式，描绘出一幅新商业的图景。

信息时代，确定的信息就等于没有信息，我们要的是一切对于不确定性的改变。尤其难能可贵的是，他没有满足于对新商业时代的简单记录和描述，而是不断追问核心，探寻商业世界的本质。

体系，体现在他所形成的一整套完整的、从理论到实践、点线面结合的新商业思想体系上。有概念、有方法论和工具，有趋势判断，也有实操安全的支撑。相信这样全面而系统的梳理，可以帮助现代的商业人，更好地认识我们正在面临的新商业时代。

新商业时代，需要新商业思想。读这本书，相当于进行一趟关于新商业思想的旅程，相信会不虚此行。

是为序。

序2　产业与互联网的融合是趋势和必然

李大学

磁云科技创始人、原京东集团高级副总裁、京东终身荣誉顾问

我是一个互联网的老兵。消费互联网的二十年，我有幸全程参与。特别幸运的是，我见证和参与了京东一万倍裂变的崛起。2015年我离开京东，因为我已经深感互联网正在重构整个商业文明，各行各业都将接受互联网的洗礼，所以我将职业生涯的第三个十年投身到产业互联网的实战中，创办了磁云科技，参与了很多传统行业的互联网转型升级的实战，其中包括十多家上市公司。

这是一个新的时代。消费升级、互联网重构、马太效应构成了这个时代最重要的特征。这个时代的机遇，一是产业去链结网进行整合，一些万亿行业将出来新的BAT。二是两化融合的深入，包括深度的工业化和深度的信息化。三是大数据的运用大大提升了企业协同、行业协同和资源配置的效率。这三个方向，正是产业互联网最重要的三个机会。

这两年来，我一直在与传统行业的大佬们交流。我觉得传统企业转型，最核心的有三个问题，一是发展模式要升级，从原来的产品思维发展到用户思维，一切以用户价值创造为核心。二是每个企业都需要做到“精+准”。精就是精细化，改变原来粗放式的经营模式，实现信息系统的升级，实现技术驱动。准就是客户定位要准，

客户的需求要准，特别是客户的潜在需求。准就要求实现数据驱动。三是大数据战略要升级。企业要在数字化的基础上，实现社会化和智能化。

我与能杰相识是在一家上市公司的产业互联网战略研讨会上。之后我们经常相聚，一起探讨产业互联网的新思想、新方法和新案例。对我提出的“B2B+O2O+产业金融”产业互联网方法论，我们经常会一起讨论甚至争论。我今年又提出了“ADI（A，指API，代表去链结构；D，指Data，数据；I，Intelligence，智能商业）”新引擎思路，能杰也给出了很多好的建议。

老实说，读到能杰这本书还是很诧异的，也很惊喜。诧异的是一本如此系统、如此深入、如此充满洞见的书，居然出自能杰之手。惊喜的是，终于有一本书，能够把最新的一些产业互联网的思考和实战进行总结提炼，以惠及各行各业的企业家和实战家。

与其说本书呈现了产业互联网时代的新商业图景，毋宁说本书探讨了物理世界和数字世界进行融合的新范式。产业互联网时代，一定会出现一些面向未来的超级生物体。这些超级生物体的基因一定是双螺旋的，其中一个单螺旋来自传统产业的基因变异，另一个单螺旋来自互联网。产业和互联网的融合，是趋势，也是必然。

自序　新范式开启新商业图景

我感到奇妙的是，事物何以集成一体。——香农

1. 新范式：让改变发生

1968年，美国著名科学哲学家托马斯·库恩（Thomas S.Kuhn）在《科学革命的结构》中提出“范式”（Paradigm）一词，指“特定的科学共同体从事某一类科学活动所必须遵循的公认的‘模式’，它包括共有的世界观、基本理论、范例、方法、手段、标准等与科学研究有关的所有东西”。一个稳定范式如果不能持续提供解决问题的适当方式，它就会变弱，从而出现范式转移（Paradigm Shift）。在科学范畴里，范式转移可以表述为，一种基本理论上的改变，或者科学据此对某一知识和活动领域采取全新的或变化的视角。库恩提出，每一项科学研究的重大突破，几乎都是先打破旧传统、旧思维后才成功。这种范式转移后来被应用于其他学科的巨大转变。

下面举一个体育领域的案例：

1968年墨西哥奥运会，美国跳高运动员福斯贝里第一次在全世界面前施展背越式跳高。当时跨越式或者俯卧式跳高是主流，他奇特的动作引来现场观众的阵阵哄笑。随着横杆一次次升高，观众也不再哄笑。在最后一跳成功后，他获得了奥运会金牌，全场观众起

立鼓掌。

福斯贝里是典型的“弯道超车”，他的身体素质和跳高成绩在跨越式或者俯卧式跳法的时代很一般，但更先进的背越式起跳模式让他获得成功。在1972年的慕尼黑奥运会上，福斯贝里连预赛都没有进。因为背越式跳高并不难学，他被更多身体素质好、学习能力强的人超越。

当然，仅仅转换模式还不够，背越式跳高有一个前提条件——橡胶垫代替原来的沙坑。没有橡胶垫，头冲下的背越式跳高无疑是自杀动作。

从福斯贝里的例子中可见：要持续成功，首先，要有所突破，找到新的模式；其次，要把握趋势、掌握技术，具备基础条件；再次，最好还要不断提高自己的基础能力，提高核心素质和竞争力。

商业的演变和企业成长都会经历范式转换。古今中外的商界先驱们，持续关注社会趋势，学习新技术，发现机会就迎头赶上。面对商业时代的更迭，旧时代的代表性企业即使没有被替代，也会逐渐被边缘化，这是企业在商业变迁和技术革命中不可摆脱的宿命。

在范式转换中，企业自身、商业环境、人们的观念和思维方式会被重新定义，以适应新范式的要求。那些对战略路径和商业模式进行适时调整，积极拥抱新思维、新技术的企业，往往能够抓住新旧范式转换提供给企业的巨大发展机遇。

2. 新商业：新连接重构新图景

在以互联网为代表的信息技术快速发展的时代，社交网络的出现革新了人与人连接的方式，让互动无处不在；大数据让一切变得可量化，数据成为人类社会最重要的资产；云计算改变了人与资源的连接方式，实现了计算资源的共享；物联网让连接一切成为可能。这些要素都通过互联网（移动互联网）连接起来，构成整个信息时代的基石。

技术本身的价值在于给别人带来价值，或者说“赋能”。所有商业的新兴模式和技术的本质都是对传统产业、企业和个人进行的改造与提升，甚至是革命。这些新连接好比上文提到的“橡胶垫”，因为它的应用，一种新的跳高方式背越式得以产生。

在互联网连接一切的大背景下，新的商业图景得以展开：社群的兴起让“去中间化”变为现实，用户与用户连接起来，企业能直接构建与用户的连接；自媒体和社交网络的出现是媒介传播与组织形态的一次变革，传播媒介多元化，组织管理扁平化；“互联网+”为传统企业互联网化转型提供解决思路；工业4.0和智能制造是“中国制造2025”的核心，为传统制造企业明确升级方向。

本书第一章从宏观层面出发，对推动世界和商业发展的五种力量进行了系统勾勒，其中数据时代连接的力量是核心。

第二章在微观技术层面，详细阐述了连接从发生、步步深入到不断扩大范围的全过程，让我们对所处时代的大背景和发展趋势有一个白描式的认识。

第三章描述范式转移的过程，新连接导致了产业、企业和个体层面的重构，以及人类组织方式的重构。重构后，新的商业图景的全局是什么样子的，我们予以一一分析与呈现。

第四章重点描述重构的新商业图景。社群商业、智能商业，以及两者的对比和结合，也描述了终极的商业形态、端到端打通、线上线下融合、C2M（Customer-to-Manufactory，顾客对工厂）+O2O（Online-to-Offline，线上到线下）等方面的内容。

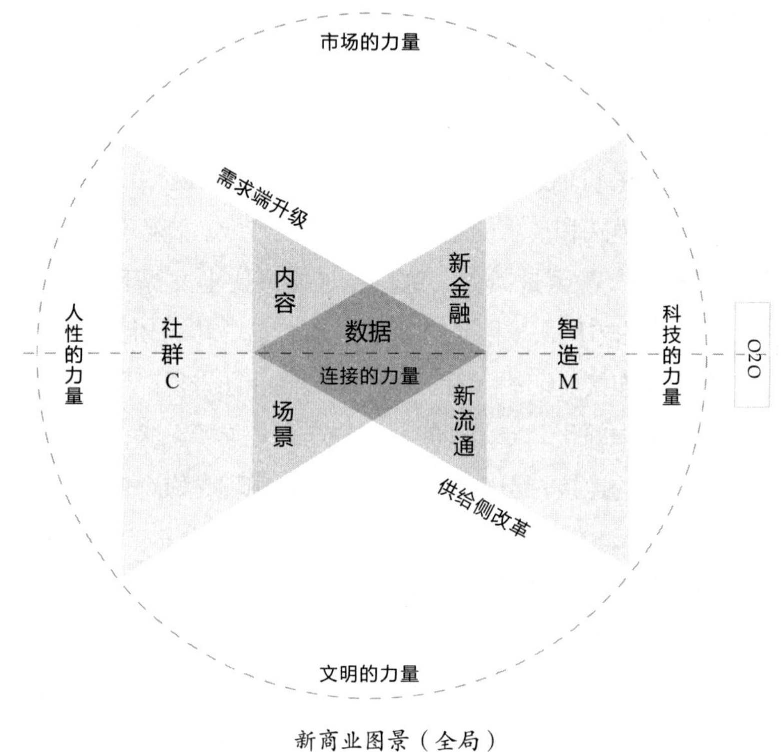

新商业图景（全局）

从第五章到第十一章的内容，则是对新商业图景的具体描述。通过探讨新商业范式的本质、格局和新趋势，深度阐释新商业图景对整个商业社会产生的影响，并通过具体的实操案例进行印证。

在新商业时代，新兴行业与传统行业是相互融合的关系，传统行业要重新审视整个商业生态系统，以及企业自身的价值创造与获取方式，积极拥抱新技术，重塑自身，调整模式，放大价值。

一如题记中香农所说，笔者对这个新商业时代充满了好奇，何以这些要素集合在一起，造就如此景象？因此，本书旨意在于为大家提供一个新的参考坐标，帮助大家更好地认识和理解这个新商业时代的现象和变化。笔者所说不一定全然正确，若能对读者有所启发，则本书的目的就达到了，求仁得仁，善莫大焉。

New Business Times

第一章
新动力：推动商业发展的力量

从人类社会发展的视角出发，来思考推动社会变迁与发展的动力是什么。笔者在九鼎投资蔡蕾先生的启发下，结合个人的观察和思考，梳理出五个方面的核心推动力量。

一、新需求：人性的力量推动需求端升级

经济发展的本质是人类满足自身需求能力的增强，满足人类自身的需求既是经济学的逻辑起点，也是很多产业和商业发展的起点，是推动人类社会前进的主要力量之一。

人的需求有两个特点：无止境、多样性（人的贪嗔痴）。根据马斯洛需求层次理论，在条件具备时，人的需求必然朝更高的层次发展。

从需求的角度看，中国近四十年来的高速发展，是国民被压抑的需求集中释放带来的。随着中国人均GDP（国内生产总值）的增长和人口结构的变化，需求也随之变化，这就带来消费升级、转型和分化。

国内VC（风险投资）机构创新工场在二次元内容娱乐产业链里布局近二十家公司，包含三个部分：内容创作、渠道、最终变现方式，可以说是国内此细分领域产业链布局走在最前面的VC机构。如

图1-1所示。

图1-1　创新工场布局数字内容娱乐生态圈

创新工场合伙人汪华解释道："物理世界效率变得越来越高，人会有更多闲暇的时间，社会将不需要那么多劳动力和就业岗位，我们以前从事的行业，包括制造业和服务业，未来只需要20%、30%的人去做。剩下的时间人类要做什么？我们当时设想的一个答案就是，大量的人将会生产和消费虚拟世界里面的精神产品。"

创新工场根据上述逻辑，布局虚拟世界的新经济，投资提供精神消费品，尤其是针对"95后"二次元的精神消费品的新兴公司。这是典型的从新生代（转型）中二次元（分化）的精神消费（升级）着手。

现在我们所处的世界丰富多彩，是由人性的力量带来的，那就是人类通过创新，不断地优化供给，满足无止境、多样化的需求。

二、新供给：创新的力量促进供给侧改革

人类与其他生物最大的区别在于是否具有主观能动性和创造性，用全人类的主观知识体系去认识、解释、改造身边的客观世界，这本身就是人类的一种创新。

创新的特点就是不断迭代和进化。其自身具有相对性，现在看起来新的东西，过一段时间会落后，成为历史，而且迭代和进化的时间会越来越短。新技术、新服务、新模式，乃至任何问题的解决都是一种创新，它是推动历史前进的另一种重要力量。人类为满足自己也是很拼的。

产业层面的创新其实都在做一件事情：优化供给，即以有限的资源获得最大的产出。工业革命就是因为蒸汽机和煤的广泛使用，推进钢铁、纺织等产业的更新；火车和轮船成为可能，使人类可以环游地球，整个世界为之一变；同时也大大推进了英国的现代化进程，缔造了英国日不落帝国的地位。

相比而言，从宋朝到近代，在创新方面，中国唯一拿得出手的就是北宋时期的活字印刷术——四大发明之一。从那以后，近代中国就没有给世界贡献过任何重大科技成果。为什么资本主义和现代科学起源于西欧而不是中国或其他文明？回到历史当中，或许李约瑟之谜的答案在于：只有当时的西欧才具备足够的社会创新动力，才能够支撑起整个产业乃至之后社会结构的巨大转型。近代中国为此落后而挨打，当代中国领导人意识到创新的重要性，改革开放初期提出了“科学技术是第一生产力”，最近提出的“双创”战略也为创新注入了一剂强心剂。

笔者在从事咨询工作时，往往从宏观层面考量最新的科技创新对产业的影响，通过创新的维度反向判断一个企业是否有价值。图

1-2中提到的颠覆技术，比如3D技术对制造业的颠覆、电池技术带来的能源革命等，其中移动互联网是当下影响最大的科技创新。

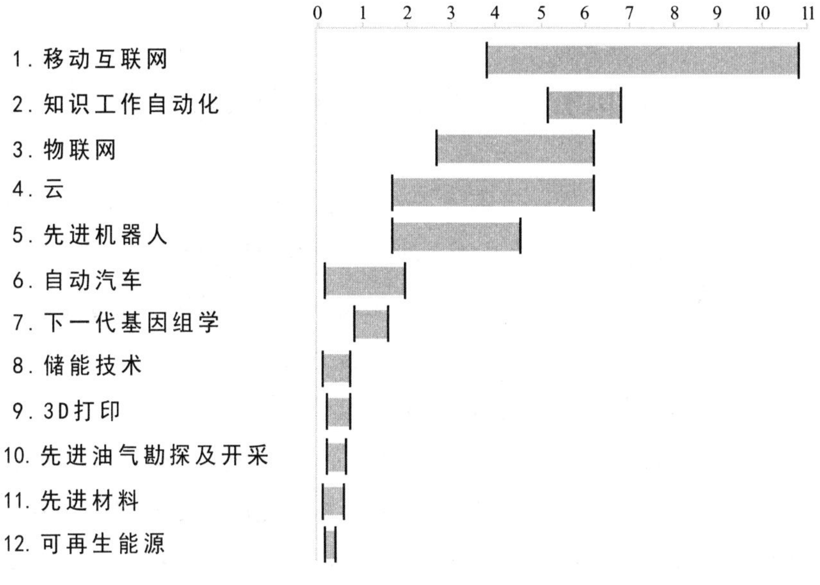

图1-2　影响未来的12项颠覆技术

注：按照麦肯锡的估算，到 2025 年，图中12项技术中的每一项技术对全球经济的价值贡献均超过年度 1 万亿美元（即便是预测的下限），排序是根据每项技术对经济影响的上下限进行的。

供给侧改革在本质上有两点，一个就是我国传统的产业基础太差，供给端弱，无法满足人们的消费升级。

举个例子来说明，从人民公社到家庭联产承包责任制，是在人们解决温饱需求时的优化供给，解放了生产力。随着农业生产技术的提高，城市化进程吸收大量人口，之前分散的、家庭式的低效生产供给方式就不适用了。所以国家才要推动土地流转，向工业化的大型农业生产方式过渡，这是更高层面的供给优化。

另一个就是计划经济体制和国有企业长期垄断，使得很多产业的供给没有得到充分优化和释放，因此需要市场力量的推动。

三、新市场：“看不见”的力量优化资源配置

在经济学里，市场被称作“看不见”的手。市场是建立在分工、交换、货币与价格等基础上的一整套社会资源配置体系，其核心就是匹配需求和供给，优化资源配置。阿里巴巴就是通过互联网平台提高了传统集市（微观的市场）的交易效率。共享经济的兴起也是通过互联网平台的发展而盘活了存量市场。

市场化也可以理解为资本化和商业化。历史学家黄仁宇先生在《资本主义与二十一世纪》一书中，从历史的角度介绍全球现代化的过程就是传统的农业社会向现代商业社会转变的过程。转变的关键在于实现“数目字上的管理”。“数目字管理”是指整个社会资源均可如实计算，整合进一个记录系统（核心是正规的产权制度），可以自由流动和交换。“如果社会可以接受财产权绝对且至高无上，一切就可以加加减减，可以继承、转移及交付信托。因此，物质生活的所有层面，不论是私人或公共，就可以在数字上处理。财富的可交换性利于财富的累积，创造出动态的环境”。这是真正的商业社会，市场不再是原始的“自我实施型市场”，而是现代的“社会规划型市场”。在这一点上，中国还有一段路要走。

市场有两个特点：周期性和竞争。

供给与需求要依靠价格调整，而价格只是对这种关系的一种预判或追认，不可能做到高度匹配，因此会造成周期性的经济波动。尽管存在周期性的危机与灾难，但市场在资源配置方面的能力却毋

庸置疑。当然，理想的状态是随着互联网的高度发展，解决信息不对称的问题，实现完全同步，降低波动甚至消除波动。

市场的天然特性是竞争。充分竞争让市场形成自我进化的机制，其中最重要的一点就是，随着市场的成熟会出现产业集中逐渐到寡头垄断的阶段。对企业来讲，垄断是最好的商业模式，但对整个产业和经济体而言，则不利于保持生态和自由竞争的机制。各国出台“反垄断法”正是为了避免这个问题。

“二战”以来，整个世界都被纳入市场体系之中，尤其是全球金融体系的建立，更是极大地确立了市场的统治力。与此同时，市场体系在凯恩斯主义、国家资本主义、福利主义等经济思想的指导下也实现了修正与优化。

中国的情况则比较特殊。用和君集团董事长王明夫先生的说法就是：计划经济的坚硬遗产［一是行政垄断，二是条块分割，三是企业办社会（注：指大的国企与央企自己就有食堂、学校、医院等，每个企业就是一个小社会）］加市场经济的商业乱世（做生意就是你骗我、我骗你，人心乱得不可思议）。这导致中国经济没有一以贯之的市场体系。但随着国家层面的深化改革，计划经济的坚硬遗产会软化，会被打破。商业文明也将逐渐完善，走出互相算计、人心纷乱的蛮荒时代。中国经济的市场化是大势所趋，人心所向，逆转是小概率事件。

供需和市场是经济学的核心。供给难以满足无止境和多样化需求，是微观经济学面临的元问题。需求增长——技术创新——提高产出——满足需求，这个循环亘古不变。如果供与需是推动人类前进的两大车轮，那么市场就是连接二者的轴心，不可或缺。

现在人类面临的很多问题，几乎都可以从经济学中找到解释，绝大多数社会问题的背后都离不开经济问题。但经济学这门学科诞生得太晚，只有一两百年的时间。人类社会的诸多现实问题和历史推动力量则关乎更长时间的文明进程。

四、新世界：文明的力量开拓全球化和探索宇宙

英国历史学家汤因比在《历史研究》中提出，文明是通过对环境“挑战”的应战所遭受的考验而产生的。人类历史上最激烈的变化——大部分的战争、移民和种族屠杀等的背后基本上都是文明冲突的结果，包括现在的欧洲难民问题。

中国也不例外，黄仁宇先生提出“15英寸（≈400毫米）等降雨线与长城走向基本一致”的判断。15英寸降雨量是农耕文明最低需要的年降雨量。这条等降雨线从中国东北向西南，当中一段与长城走向大致符合（见图1-3）。降雨量的差异造就了两种采取不同生产、生活以及资源分配方式的文明：农业文明和游牧文明。中国两千多年的历史，多是围绕着游牧民族和农耕民族的互动与冲突展开的。长城内外不断激荡，不同文明的碰撞与融合，形成了生生不息的中华文明。

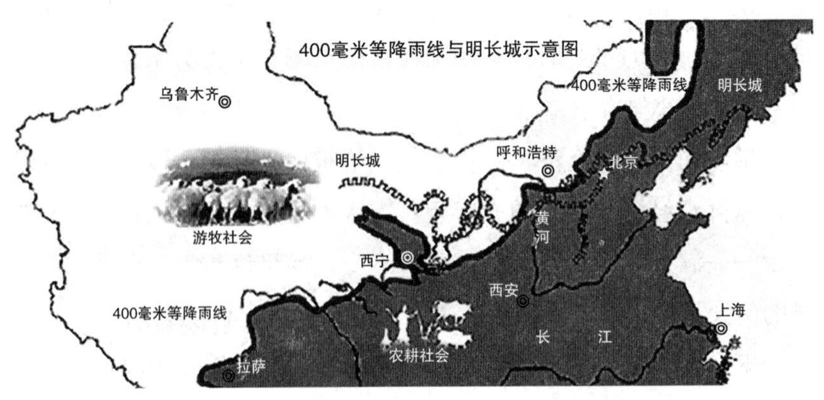

图1-3　长城和等降雨线示意图

文明的发展有两个方向，一个方向是人类对未知文明的探索。事实上，任何物种的自然进化规律，都促使它们不断地扩大自己的领地和生存空间，只是人类阶段性地胜出。人类不断征服新世界，海洋、月球、火星、太阳系乃至多重宇宙等领域可能成为人类的新边疆。

另一方向是全球化，世界文明走向融合。全球化从两个层面去理解，一是物质层面的全球化，比如跨国公司和外贸行为，推动资源在全球范围内的配置；二是精神层面的全球化，即文化的交融，从美国好莱坞到日韩动漫，从功夫熊猫到孔子学院，都是文化的全球化。物质和精神的全球化并驾齐驱，后者对人类的影响更大。

中国在全球化的进程中正从被动转向主动。中国在历史上是具有一定扩张性的，也曾一度在全球化进程中占据主导地位。近代中国因闭关锁国而彻底收缩，以至于被动挨打，被动地全球化。现代中国的崛起是确定事件，无论是经济实力还是话语权，都让中国在全球化的进程中重新占据主动。人类历史上第一次真正意义上的全球化，就是由中国主导连通陆上和海上的丝绸之路，后来才有欧洲人主导的大航海、发现美洲等重大历史事件，中国一时缺位。“一带一路”倡议（见图1-4），让人不禁生出历史轮回之感。

托马斯 · 弗里德曼在《世界是平的》一书中提到整个地球变成了地球村。可以确定，中国和世界的交流会越来越频繁，相互影响会越来越大，这个时候就需要广泛的连接。

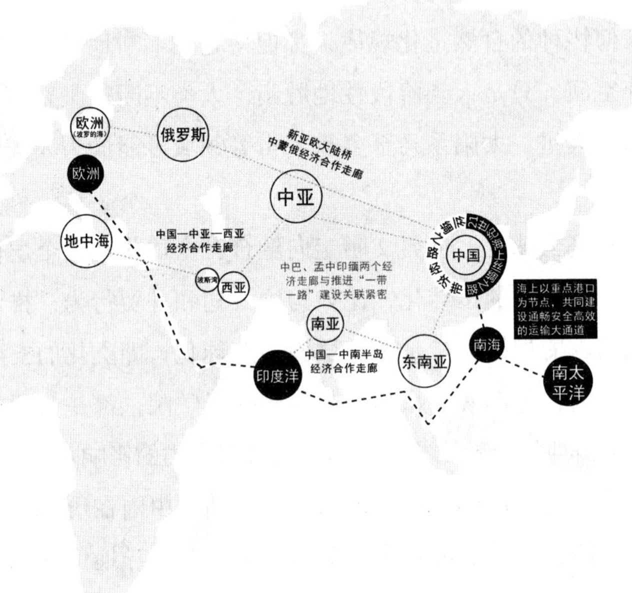

图1-4　21世纪“一带一路”和中国全球化区域合作走廊示意图

五、新技术：连接的力量让一切信息化和数据化

马克思认为“生产力是人类征服和改造自然的客观物质力量”，生产力的发展是人类社会发展的根本动力。在人类历史上，生产工具的每一次变革，都带来了划时代的生产方式的变革，并随之带动社会形态的变化。生产力的发展通常是由各种科学技术（生产技术和劳动工具）演变推动的。表1-1罗列了生产工具与社会发展的相互关系。

表1-1　代表性生产力工具、生产力标准和社会发展不同阶段

时代划分	生产资料和动力	代表性生产工具
渔猎时代	自然禀赋资源 靠迁徙移动，采集食物。	石刀、骨刺（爪牙）、火（自然力量、能源）。
农业时代	土地 靠个人劳动力，进行农业养殖。	手工工具：陶（生活工具）、铜（坚硬、耐久）、铁（成本降低、更坚硬）。
工业时代	能源 工业科技发展包括靠资本发展的资本主义。	机器装备：蒸汽机、燃油发动机（能源、动力）、发电机和电动机（四肢能力延伸）。
信息智能时代	信息和数据 自动化社会：生产有计划指导，并由自动化设备完成，人类从体力劳动中解脱出来，智能机器人甚至全方位替代人类；智能制造是自动化、信息化基础之上的创新。	电子管、晶体管、集成电路、处理器（头脑能力拓展），（移动）互（物）联网（通讯）、人工智能、机器（生化）人。

纵观人类发展史，就是人类从渔猎时代、农业社会发展到工业社会，再向信息社会、智能社会发展的历程。生产资源经历从自然——土地——能源——信息和数据的转变过程。不同历史阶段，不同的生产力对应不同的资源配置方式，生产工具从手工工具——机器装备——智能机器人（互联网+智能终端）逐步发展。人类一开始只是开发、制造和利用身边的材料，后来开始发现、理解、利用新的能量，到现在则是对信息和数据的高度加工与利用，实现了“物质→能量→信息”的三次重大跨越。同时，随着人类对工具的创新、迭代、善用，还伴随着对生产资料（社会资源）组织形式的重构。我们正处在工业时代向信息时代的过渡阶段，生产大规模自动化、全球化的趋势为人类生产力和生产方式的发展带来极大改变。

连接的力量是通过信息化和通讯技术实现人类社会各个层面的交流和互动，传承和记录。其实连接一直与人类的历史相伴，并推动着人类历史前进。信息化和通讯手段的每一次进步，都会促成深

刻的社会变革。比如印刷术的发明带来了《圣经》和其他书籍的普及，推动了宗教改革和文艺复兴。

《圣经·旧约·创世记》11章记载如下故事：古代的人们本来说的是同一种语言。因为没有语言隔阂，整个地球村的人就如同一家人。人多力量大，当时人类联合起来兴建希望能通往天堂的高塔。这时候上帝坐不住了，为了阻止人类的计划，上帝采用策略，让人类说不同的语言，分散到不同的地方。人们再也不能轻易沟通，力量就大大削弱了，计划因此失败。这就是著名的“巴别塔”的故事（巴别是“变乱”的意思）。

此故事试图为世上出现不同语言和种族提供解释，也从另一个角度诠释不同的语言所带来的隔阂会阻止人类的连接。

连接中重要的一点就是信息的编码和解码，也就是信息化过程。信息化的形式发展历程如下：

最简单的原始符号（结绳记事）→语言→文字→声音→图像→比特数据。

万物源自比特（It from Bit），物理学家约翰·阿奇博尔德·惠勒①用这么一句颇具神谕意味的、由单音节词组成的句子，对这个世界做了概括。比特（Bit）是最小的信息单位，由美国数学家、信息论创始人克劳德·艾尔伍德·香农（Claude Elwood Shannon）最早提出。信息就是不确定性，可以是任何物质的不确定性。一个完全确定的事件，其信息量为0，对观测者（不一定是人）来说，只有未知的东西才有信息。用“有无相生”来描述事物，抽象到数理，可以用1代表“有”，0代表“无”。

① 约翰·阿奇博尔德·惠勒（1911—2008），美国著名物理学家、物理学思想家、物理学教育家。1939年与丹麦尼·波尔、弗朗克尔一起提出了原子核裂变的液滴模型理论。1965年获得“爱因斯坦奖”。

0和1，变成最简单的符号体系，加大可以编码、解码的广度和深度，似乎一切皆可数据化，人类也进入了数据时代。

中国是全球最早重视信息化的国家，也长期享受着早期信息化所带来的红利。它的起点是两千多年前的秦始皇推行的“书同文”政策，第一次在全国范围内统一了文字。中国幅员辽阔，加上是农业社会，人口流动性差，导致华夏大地上出现了无数方言。幸而无论语言怎样隔阂，全国的读书人至少都能够通过统一的文字系统进行无障碍沟通。反观欧洲，使用拼音文字，形随声变，方言产生“方文”，久而久之，同文同种也分裂开来。所以中国长期以一个强大统一的帝国出现，丰富发展自身的文明，是同时期异化聒噪的欧洲所不能比拟的。这就是文字层面上的信息化所带来的巨大优势。

连接中的另外一点就是信息的传播媒介和载体，也就是通讯的技术发展。其发展的历程为：

以物为载体（羊皮、树叶、竹片等，鱼雁传情、烽火连天）→纸（报纸、杂志、书籍）→广播→电视→多媒体、富媒体（台式电脑、手机）→AR/VR（虚拟现实，增强现实）。

媒介理论家麦克卢汉提出“媒介是人体的延伸”，广播是耳朵的延伸，电视是耳目的延伸。按照这个判断，不难理解AR/VR的兴起是一种趋势。人类更多的感官甚至意识延伸为媒介，实现深度连接。

未来学家托夫勒在《第三次浪潮》中将人类历史归结为三大浪潮——农业革命、工业革命与信息革命的浪潮。根据这个说法，我们现在处于信息革命阶段。在工业革命的浪潮中，中国落后于世界，当前能否在信息革命的浪潮中崛起，是一个值得思考的命题。

互联网、移动互联网、物联网进一步加速了数据的生产和流动，提高了信息传递与使用的效率，对人类社会的影响与改造正当其时。数字教父尼葛洛庞帝在《数字化生存》中开宗明义地写道："计算不再只和计算机有关，它决定我们的生存。"现在，我们离开了互联网的确就无法生存。网络化和信息化彻底改造了从个体到机构的存在方式、组织方式和运行方式。这也是近二十年最重要的主题之一。

未来，人类社会将走向高度信息化。随着大数据、物联网、人工智能、超级计算机等的发展，完全脱离人类社会的信息交流也有可能发生。电影《黑客帝国》中的场景完全可能在现实中出现。

信息化、数据化所带来的连接影响比新需求、新供给、新市场、新世界所带来的影响还要大，将彻底改变人类历史和整个世界。千百年来人类的进步，从经济层面来说，是市场匹配下为满足需求的优化供给与创新的不断发生；从社会文化的层面来说，则是文明背后的全球化；从技术层面来说，是信息革命带来的"连接一切"。

New Business Times

第二章

新连接：连接力的要素和维度

“连接力”就是物质和信息流转的能力，决定了一切。

——帕拉格·康纳

连接力是互联网时代的第一生产力。

——马化腾

在某次会议上，马化腾提出“连接”是通向互联网未来的七个路标之一。他指出：“连接力可以赋能于人和最微小的个体伙伴，激发社会创新力。”在新的网络生态中，企业的价值正是作为一个连接器，通过提升连接力，连接更多的个人消费者和合作伙伴，也帮助他们延伸自己的连接力。

帕拉格·康纳（Parag Khanna）[①]认为“‘地理决定命运’的时代已经过去，新箴言是‘连接力决定一切’”。在他看来，连接力就是建立“关系网”，而建立“关系网”的三大通道是交通、能源和通信基础设施。“世界每年花在这三个领域上的投资高达10万亿美元。它们影响着移民和贸易流的走向，并最终塑造了今天的社会和超级大国”。这个“关系网”有多大？如果以长度计算，全球国界线加起来总长度仅为50万千米，但却有6400万千米长的道路、400万千米长的铁路、200万千米长的油气管道和100万千米长的网络电

① 新加坡国立大学李光耀公共政策学院高级研究员，著有《超级版图》（*Connectography: Mapping the Future of Global Civilzation*）一书。

缆。在这个庞大的“关系网”中，全球化的定义具体到了“供应链化”。参与供需过程的人才和商品，通过网络、交通等各式各样不断扩张的渠道来回流动。国境变得模糊，城市成为经济和文化联系的中心。

个人认为，在推动时代发展的力量中，当下和未来最重要的就是连接的力量。本章重点解读连接，通过对连接的基本要素、本质、载体管道的宽度、连接的效率和范围等理解的逐步深入，用连接（效率，快速反馈系统闭环）应对新时代的不确定性。核心、终极的商业价值在于“连接优化资源配置”，创造价值的方式在于带来好的用户体验和效率。它的重要性在于随着连接的载体发展，连接的效率提高和范围扩大，对整个人类社会、经济和个体产生深远的影响。

一、基本要素：节点和连接

节点与节点之间构成连接。在初始状态，每个节点都是相互独立的，要组建一个真正可工作的组织，我们必须将各个独立的节点连接起来，构成一个包含多个节点的集群。

通过对最基本要素——节点和连接的深入剖析（见表2-1），很多系统都具备节点和连接的基本构成，包括本书要重点阐述的商业世界。

比如，人体大脑网络的基本组成单位是神经元。一个神经元通常具有多个树突，主要用来接受传入信息；而轴突只有一条，轴突尾端有许多轴突末梢可以给其他多个神经元传递信息。轴突末梢跟其他神经元的树突产生连接，从而传递信号。这个连接的位置在生物学上叫作“突触”。人脑中的神经元形状可以用图2-1做简单的说明。

表2-1　节点和连接现实案例（部分）

	网络	节点	连接
生物	大脑	神经元、神经细胞	轴突
	组织代谢	参与消化食物以释放能量的分子	参与相同的生化反应
	蛋白质调控网络	协同调控细胞活动的蛋白质	蛋白质之间的相互作用
	传染病	病毒	空气、水、身体等
	生态系统	物种	食物链
社会	社交网络	人	友情、家庭和职业关系
	性关系	人	性接触
	好莱坞演员	演员	参演合作电影
	语言	文字	语法
科技	研究合作（论文引用次数）	科学家	合作撰写论文
	英特网	路由器	光纤及其他物理连接
	万维网	网页	连接地址
	电力网	变压站	电线
	移动互联网	终端	无线通信
	数据	比特	通讯网络
商业	城市	CBD、小区	水、电、网络
	产业联盟	公司	协议
	内容	作品、IP、议程设置	媒体平台、渠道
	电商	商品	电商平台
	社群	人	社交网络、兴趣图谱
	服务O2O	手艺人	消费场景
	金融	信用	
	运输系统	货物、车辆、港口	交通线路

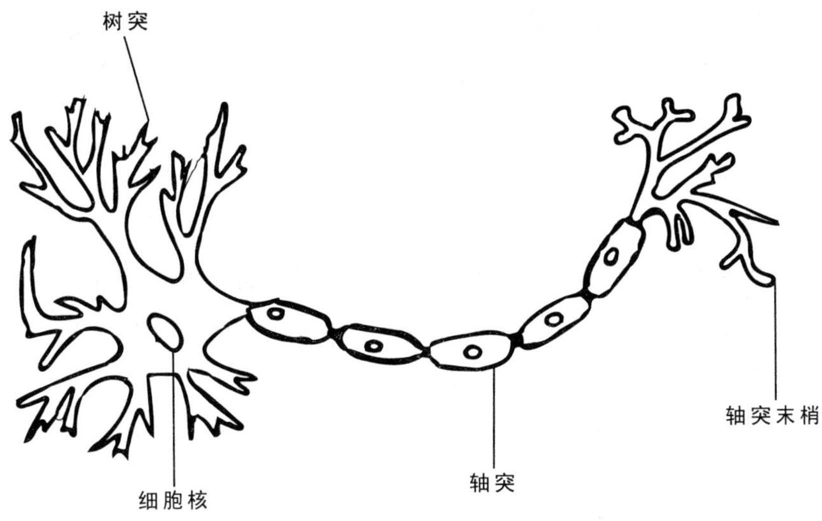

图2-1　神经元的结构

节点这个概念被应用于许多领域（见表2-2）。通常来说，它指的是局部的膨胀（像一个个绳结一样），抑或是一个交汇点。

表2-2　节点的应用领域

应用领域	节点
电力学	节点是塔的若干部件的汇合点。
机械工程学	节点是在一对相啮合的齿轮上，其两节圆的切点。
生化工程	代谢网络分流处的代谢产物称为节点。
程序语言	节点是XML文件中有效而完整结构的最小单元，标志符是〈〉。
网络拓扑学	节点是网络任何支路的终端或网络中两个或更多支路的互连公共点。
作图软件MAYA	节点是最小的单位。每个节点都是一个属性组。节点可以输入，输出，具有保存属性。

在网络中，物理网络节点包含主机（即通过IP地址来标识的Internet节点）和其他设备，如交换机、桥接器和WLAN 接入点等数据链路层设备，它们没有IP主机地址（除了有时用于管理目的），

仅仅被认为是物理网络节点和LAN节点。

在物流运输系统中，节点也是重要的结构要素。旅客或货物移动的过程中必定有起点和终点，在起点和终点之间，有转运点（旅客需要换车，货物需要转运）。那么这些起点、终点和转运点，通称为节点。

从PC到手机，再到物联网，各种各样的设备、事物，还有人类的身体本身都将成为互联网的节点。在物联网时代，节点应该会进一步细化，甚至是一个是否旋紧的螺丝钉。

连接的奇妙之处在于能够让每一个被连接的节点，都获得一种自我延伸的能力。连接力越大，这种潜在的延伸能力就越强。连接力将实现所有节点的连接，从而将一个一个孤悬的节点编织成彼此互通的立体网络。连接也是形成网络的关键。正如梅特卡夫定律：网络的价值等于网络节点数的平方，网络的价值与互联网的用户数的平方成正比。同理，一个企业连接的节点越多，企业就越有价值。

互联网技术的核心价值就是超级连接，每个连接之间信息的流动就是流量。有两个关键点：一个是节点和连接，一个是数据信息。连接的本质是将原来没有数据化的东西使之数据化，然后连上互联网。互联网的本质是连接，连接的变化产生了巨大的商业价值，信息的采集和传播发生变化，比如，搜索引擎连接信息，社交网络Facebook（脸谱网）把现实生活中的关系数据化而连接人，每个人都是信息的节点，每个人也都是信息的采集器，每个人又都是信息的接收器和广播器，所以每个人都可以大大延展自己的社交关系。

电商连接商品，O2O连接服务，支付宝连接钱，Airbnb（爱彼迎） 连接房子，滴滴和Uber（优步）连接汽车，摩拜单车连接自行车，智能制造连接机器，未来还会有各种各样的东西被连接进网络。所有这些，都是在“连接力”时代我们要面临的变化，它不会是一场非此即彼的断裂式变革，而是一场润物细无声的渐进式变迁。

如何才能具备更强大的连接力，产生更多的连接？下面以互联网推动商业社会变迁为背景，从三个维度（见图2-2）对连接力进行分析。

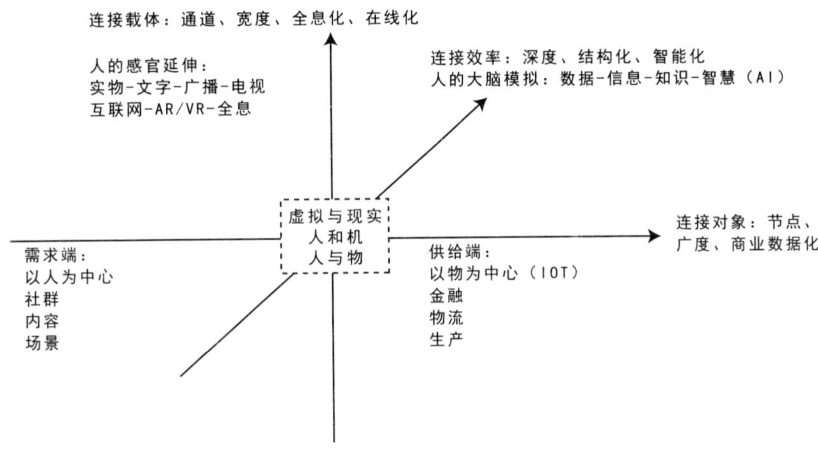

图2-2　连接全景图（数据化、智能化、虚拟化）

一是连接的载体，主要是节点与节点之间连接通道能承载多少流量，好比公路上的车道有几条一样。从通讯技术的角度看，是从拨号、GPRS，到光纤、4G、5G的发展。

二是连接的效率，节点间的连接要足够真实、直接、多维、精准，节点之间的沟通要形成闭环，连接成本要越来越低。

三是连接的范围，随着连接载体的发展和连接效率的提高，被连接的对象越来越多。以不同载体连接人类的量级就可见一斑：从连接的数量与尺度上看，传播媒介经历“从烽火→驿站→报纸→广播→电视→互联网”的发展历程，一次传播能触达的人数从一人到千百人到万人级别再到百万、千万人级别，最后几乎连接全人类（Facebook目前连接了全球三分之一的人）；从传递的时间角度看，一对一通讯经历“书信→电报→电话→手机”的过程，从需要很长的时间间隔到即时通讯。从连接对象上看，从信息到内容、到商品、到服务，再到人的连接，主要围绕人的需求和行为。然后连接进一步扩大，连接物流、交通、金融、机器等，核心是围绕物的供给和流通。

二、连接载体：虚拟与现实之“间”

连接的载体就是信息的传播媒介和数据的传输通道。

人类获取信息，进行加工处理，然后应对内外环境的变化，这是人类的刚需，也是来自于古老的基因遗传。人类祖先在野外生存的时候，需要不断获取周边环境的信息，才能保证自己捕到猎物和避免被伤害。每个人生活的时空有限，所以需要摄入信息来指导我们的生活，以及在工作上做决策。在很大程度上，我们的认知是由我们接触的媒体决定的。

media的原意是触媒，比如蜜蜂是花粉的媒体。从本质上说，传媒是“信息中介”，信息传递的载体和通道。从传播的形态来看，媒体通道的发展历程如下：

以物为载体（羊皮、树叶、竹片等，鱼雁传情、烽火连天）→纸（书信、报纸、杂志、书籍）→广播（语音）→电视（图像+声音）→PC、移动互联网（多媒体、富媒体）→AR/VR（虚拟现实，增强现实，丰富度、交互性最强的信息形态）→全息（虚拟和现实消融，类似电影《黑客帝国》场景）。通道的传输能力和对现实的映射能力越来越强。

再看终端载体的发展历程，从20世纪60年代开始，交互终端经历了从大型机到PC，到PC单机运行，再到连接互联网以及连接互联网终端，现在到智能硬件为代表的物联网，几乎是每隔一二十年，终端的演变就会使整个信息业态甚至整个经济业态产生重大转变，并由此产生很多的商业机会，涌现大量的创新企业。

那么，我们畅想一下，未来的信息终端会是什么呢？是汽车还是穿戴设备？未来我们可能会戴上眼镜通过视网膜投射，实现跟人、服务、设备的连接。甚至与信息者的沟通也是通过戴着穿戴设备，以脑电波沟通，这个终端可接入大脑皮层，能反馈生物信号，消息传达完全通过大脑完成。

麦克卢汉提出："媒介即信息。"他所强调的是媒介对于人类社会的真正意义，不是媒介作为载体所承载的信息，而是媒介本身作为"人体的延长"所带来的人类感知世界、认识世界、把握世界方式的改变，以及由于这种改变而带来的对于社会的影响。

通信是人与人之间进行的数据交流与传递。在中国古代，民间通信是让人捎口信，官方是通过一个个驿站进行信息的传递，以上通信方式对远距离的双方来说，最快也要几天的时间。现在通信的方式有网络、微信、电话、短信、E-mail、QQ等，实现了即时通信。

通讯技术从1G到5G（见表2-3）一直在持续升级，相对应的各种物理层信号的处理技术，数据链路层、网络层等相关技术也在演进变化。十几年前，双频网的两个频段加起来仅能满足几千万用户的需求，现在这两个频段服务中国六亿多用户，不仅用户数量高很多，用户平均通话量也高很多，而且网络中超过一半的资源是给数据。

表2-3　移动通讯技术的演进线路

代际	技术本质	用户体验
1G	模拟电路系统，也就是实现语音通话。	大哥大，只能在室外接电话。
2G 拨号上网	以无线通讯数字化为代表，能够进行窄带数据通讯。传输速度很慢，带宽12.2K每用户。	可以发短信可以打电话，后期可以下载彩信彩铃。
3G 宽带上网	在2G的基础上发展了高带宽的数据通信，并提高了语音通话安全性。3G一般的数据通信带宽都在500Kb/s以上。传输速度相对较快，可以很好地满足手机上网等需求，不过播放高清视频较为吃力。带宽384K～2M每用户。	发短信、打电话、刷屏。
4G 光纤到户	是集3G与WLAN于一体并能够传输高质量视频图像，图像传输质量与高清晰度电视不相上下的技术产品。4G系统能够以100Mbps的速度下载，比拨号上网快2000倍，上传的速度也能达到20Mbps，并能够满足几乎所有用户对于无线服务的要求。带宽可以达到100M每用户。	可以在任何地方看电影。在火车上也可以跟家人进行视频对话。
5G	除了为个人无线通信服务提速外，5G还会使包括室内/外无线宽带部署、企业团队培训/协作、VR/AR、资产与物流跟踪、智能农业、远程监控、自动驾驶汽车、无人机以及工业和电力自动化等21个领域产生深刻变革。	不论3G还是4G，都是针对个人业务的通讯网络，而5G网络带来的变化将会波及更广阔的民用和商用领域。

随着技术的发展，无线通信技术的进步使人类在有限的频谱内传递更多信息。给用户的直观感受就是能连接的手机越来越多，功能越来越丰富（从语音通信转向数字通信。电话、短信都属于语音通信，上网属于数字通信），网络速度越来越快（速度慢，只能上网看文字，然后可以看图片，现在就可以看视频、进行视频通话）。通讯技术的发展，大大提高了连接的效率。

在5G以前，移动通信系统的应用场景主要是广域连续覆盖和热点地区高容量。5G引入了两个新应用场景："低时延、高可靠"和

“低功耗、大连接”。低时延、高可靠主要面向对于实时性和精确性都有很高要求的场景，如工业控制和车联网等。低功耗、大连接主要的应用场景是物联网、终端直连等，这类应用对时延要求不严格，但是对能量消耗很敏感。这两个新应用场景，大大提高了连接的范围。

信息是对真实世界的记录，传媒是对真实世界的还原和构建。未来，随着连接的效率提高和范围扩大，物理世界和虚拟世界实现深度连接，现实和虚拟融为一体，虚拟和现实之间的“间”会不会消失呢？这是个问题。

三、连接效率：智慧的人工智能（AI）

连接的效率主要体现在以下几个方面。

1. 是否直接

主要指“连接路径长度”，是从一节点到另外的任意节点所需经过的最大的中间段数。连接的发展趋势就是去中介化。节点跟节点可以无缝对接。在社会网络中，家庭成员间的关系比点头之交者要密切得多，连接效率要高得多，因而信息就更容易在这种连接中散播。

2. 数据的连接是否多维

多维性是连接双方“连接路径”（Path）的多少，即两个元素之间，在网络中可以通向对方的其他节点和其他连接的数目。通常具有转运性质或规模较大的节点，由于通过的运输路线较多，因此相对连接效率较高；反之，性质单纯或规模较小的节点，通过的运输路线较少，连接效率也较低。

在传统商业关系网络中，企业与用户只有较为单一的连接路径，除了销售渠道，就是大众媒体。在“网络”形态下，企业、用户、产品可以通过更多的节点和路径相互连接，连通更多的自媒体和社群圈子，更多的相关企业和产品。另一方面，连接路径交互是连接的方向（单向还是双向）以及双方权利是否对等。

在传统商业关系网络中，连接通常是单向的，企业拥有绝对的主导权。经过重构后的连接则是交互性的、实时在线的，用户有了更多的权利，会参与到企业经营的各个环节中来，使得用户对企业产生了黏性。用户情感、精力的投入程度也会相应提高，不再只是企业的消费对象。

3. 连接的成本降低

连接成本也决定着连接效率。例如，在美国高速公路网这样复杂的系统中，为某一指定节点添加一条连接的成本是极其昂贵的，这就阻止了它向更立体的交通网络发展，对成本的控制也局限了连接的效率。同时，由于通讯和网络的快速发展，连接的成本和能耗也越来越低。

4. 连接的质量尤为重要

由于数据爆炸，信息的冗余，连接过程中的质量变得尤为重要。数据的结构化程度不同，信息的价值不同，如图2-3和表2-4的阐述。

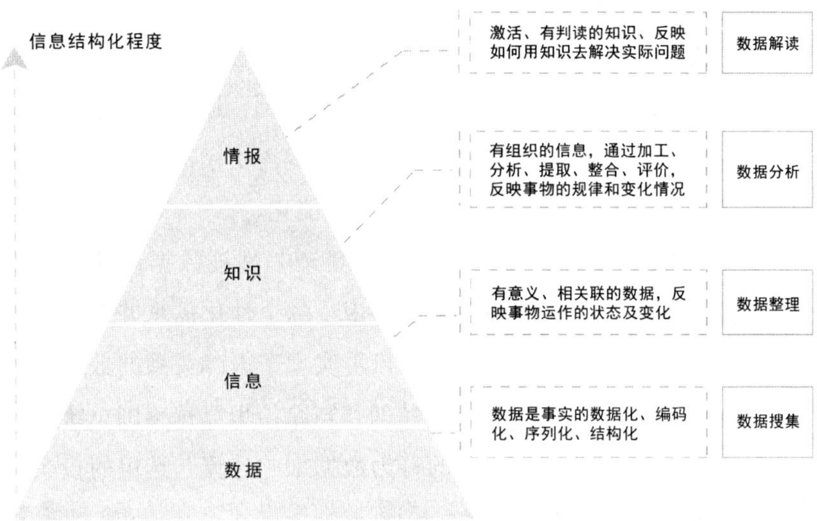

图2-3　数据的结构化

表2-4　不同数据的价值

	数据（Data）	信息（Information）	知识（Knowledge）	智慧（Wisdom）
定义	离散与不相关的事实、文字、数字或符号，一大堆庞杂无意义的东西。数据经过储存、分析及解释后而产生。	经过筛选、整理与分析的资料，有意义的资料。	结合个人能力与经验的信息，用于解决问题或创新知识，信息、文化背景和经验的组合。	基于个人价值、信仰的前瞻性看法与想法。根据得到信息的共通道理，可用来做决断和定策略。
生活案例	下雨。	夏天午后常下雨。	夏天出门要随身带雨伞。	“晴带雨伞”。
工作案例	不具情境脉络及意义的事实本身，一手的未经修改的数据，例如某年的人口数。	资料在某特定情境脉络下的具体呈现，经过加工分析得到的数据，例如某年到某年十年间的人口成长率、其他影响人口成长率的统计数据。	信息加上个人的角色、学习行为、经验而成，据所得信息建立人口成长的数学模型，可分析影响人口成长的因素。	作为决策者的参考。

5. 是否形成反馈闭环

数据感知的本质是对一切环节信息化和过程的记录，通过采集数据，加工数据，形成信息。控制是反馈机制，通过对信息的处理可以形成控制与反馈的双向闭环，让连接变得更精准，让我们的世界运转速度越来越快，越来越自动化和智能化。

比如，我们搜索信息的每一处“足迹”都被数据化地记录下来，成为Google（谷歌）判断每一个用户的个性化需求并推送商品广告的关键依据。Facebook（脸谱网）实现了人际关系的数据化，带来了很多全新的应用。例如，特朗普与希拉里竞选美国总统时，Facebook通过分析选举前用户的行为数据来“计算”选民的投票倾向，成为有史以来最准确的选前民调。

人工智能（AI）就是通过数据化闭环对人脑的延伸，本质在于模拟人类的大脑活动，模拟思维、模拟意识、模拟精神。数据化闭环就像是我们衍生的外脑，让数据为我们做决策，而我们则是智能商业的更高级别的指挥中心。如果跟人类相比，AI的运作跟人的大脑运作机制非常类似，如图2-4、表2-5所示。

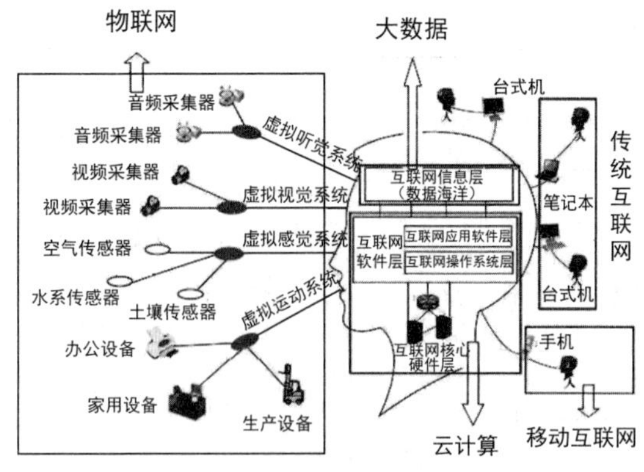

图2-4　互联网连接的类大脑结构图

表2-5　互联网连接的类大脑结构对比

数据	人体	万物互联
物理层（信息的物理传递）	神经元、动作电位。	各种终端。
数据链接层（将传递的物理信息转化为生物数据）	突触、膜蛋白、细胞间神经递质。	解码编码。
网络层、会话层	细胞因子、核因子连接细胞与基因。	连接感应器、路由、网关。
表示层（产生新的效应）	被激活的基因序列产生新的蛋白质。	信息的生产。
应用层	表观遗传因子，即基因序列之间的联动。	各个网页、APP、软性终端。
存储和运算层	人的大脑的容量和思维心智模式。	云计算算法。

创新领域大热的脑机接口技术，就是要提高人与机器的连接效率。随着连接的深入，数据挖掘的对象进一步扩展，人工智能代替人类完成各项任务。很多系统都是把算法做到极致，让系统自己“跑”起来，这样就极大减少运营的工作量，也便于终端数据的收集。

综上所述，连接效率跟连接是否直接、多维、成本、质量和闭环相关，其中最高的连接在于所有的节点和通道会智能化，形成一个极其高效的信息网络。

四、连接范围：连接一切的万物互联

笔者下面以“人”为中心来梳理万物互联的应用发展，如图2-5所示。

第一层是人的延伸：移动互联时代，手机是人的延伸，是离我们最近（1米以内）的数据终端。我们现在正处于的时代——移动互联网时代，最核心的终端是界面，实际上就是手机。

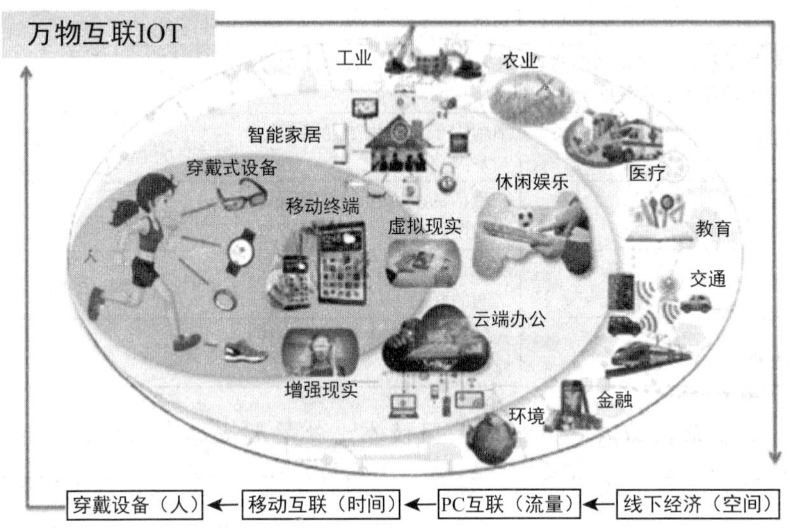

图2-5　万物互联的全景图

随着可穿戴设备的发展，离肢体更近的实际上是可穿戴设备，眼镜、手表、手环、鞋子之类的，人体也算一种场景。随着纳米技术的发展，未来，可穿戴设备肯定可以和人体有更紧密的结合，这也是生物工程的内容之一。人体的很多部分也会联网，比如大脑、重要的内脏器官、血管等。

第二层是移动互联网外的生活场景，即人的生活与工作空间：居家环境（智能家居）、消费场景（智能零售、无人餐厅等）、智能办公、车联网（汽车和交通，车联网包括大小交通工具本身、公路等基础建设），这是离我们更近一些的生活、工作和出行的维度。

第三层是供给人需求和生活的相关产业：图2-5最外面的一圈，就是互联网跟各个产业的结合，工业的、农业的、医疗的、教育的、交通的、金融的、环境的，连接各个产业的创新都非常多。

以上是从静态的角度描述万物互联的全景图，下面从产业演进和互联网发展的角度，动态地分析连接的历程。连接的发展大致分为两个部分，主要是六个对象：

前端需求：信息（门户/搜索）→人→场景（产品电商和服务O2O）。

后端供给：金融（资金流）→供应链（物流）→IOE（物联网）。

1. 信息

最早的互联网的典型应用是信息连接。由电脑与电脑相互连接组成，创造出便捷、低成本、高效的信息传递方式。传统意义上的互联网，网络是信息提供者，人被动地接受信息。

互联网信息黄页出现后，人工进行分类，为用户提供服务。商业形态上最早的信息入口是浏览器，如Netscape、IE；然后是门户，如Web1.0、AOL；接下来是雅虎与谷歌，搜索引擎成为主导，对信息进行组织和处理后，为用户提供检索服务。它们都经历了一段独属于自己的时代。不论是门户还是搜索，都经历了一个向垂直领域深化发展的过程，比如从三大门户网站到基于地产的搜房网、从百度到基于机票和酒店的去哪儿网。这时，结构化数据出现，数据分析、数据库成为企业的标准配置。

2. 人

社交网站的出现几乎与电商崛起同步，它代表了人际的连接，人与人之间的交流加深，由社交用户主导生成内容。移动互联网技术的发展和智能手机的普及，使“人”接上互联网，通过高速网络，人与人之间随时随地的沟通与信息交互成为可能。人成了信息节点，人类社会第一次实现真正意义上的互联。这时候海量异构数据出现，数据挖掘成为现代化企业的标准配置。

3. 产品和服务

商品的连接本质上是商品的信息、支付、物流的部分信息化。对应的公司有国外的易贝（eBay）、亚马逊（Amazon），国内的阿里巴巴、京东，专注化妆品细分领域的聚美优品等。连接人和（本地生活）服务的O2O正当其时，群雄并起，疯狂圈地。最早是综合性的O2O本地生活服务的公司，比如国外的高朋网（Groupon）、国内的美团；然后再往垂直领域细分，住房领域的爱彼迎（Airbnb）、小猪短租等。线下的大部分商品和服务也逐步开始数据化，与线上连接，企业数据应该是O2O全场景覆盖。

表2-6　前端需求的连接历程

连接趋势	信息	人	场景
模式	门户/搜索 web1.0	社交SNS App	产品电商 服务O2O
特征	超链接 涌现	人的延伸 关系互联	流量 线上与线下融合
企业 代表	新浪 百度	腾讯	阿里巴巴 京东 美团

前端的连接都是围绕“人”的需求为中心（见表2-6），谷歌、百度连接了人和信息；脸谱网、腾讯连接了人和人。亚马逊、阿里巴巴连接了人和商品。

互联网发展的前20年，主要是在前端消费领域的渗透，被称作“消费互联网”。大部分传统企业对互联网的运用多是信息的获取、传递、发布，再深入一点就是电商和服务。现在，随着信息技术的发展，以互联网为代表的信息技术与各行各业的实体经济的连接规模越来越大，在传统产业领域发挥更为重要的作用，并将融合到社会运作的肌体当中，改变产业运作的模式。

4. 金融

互联网新兴领域和传统的金融领域相结合，诞生出了很多新兴机会。互联网金融是以互联网技术为手段，向消费者和企业提供金融服务，是传统金融活动各环节的电子化、网络化、信息化，大大提升了效率。其发展的趋势是消费场景化、细分化和垂直化，特质是普惠性和覆盖性。

通过数据，金融连接信用是必然趋势，而且会重新定义原有的规则。具体在创新上的体现是通过市场机制代替监管，用区块链分布式代替央行，用流动性代替信用，用效率替换风险。比如，风险的存在，在于信息不对称（信息的不透明和静态），所以才需要风控，风控是第一位的。但在互联网时代，信息是逐渐对称、充分透明的，数据是动态的，风险逐渐消失，金融效率是第一位的。问题是数据都在互联网公司里，银行拿不到数据，谁来主导金融市场呢?

5. 供应链

在互联网流量入口格局基本已定的情况下，物流作为整个社会商业的基础设施之一，必将迎来进一步的重构和升级。随着新技术、新模式、新业态不断涌现，以物流业与互联网为代表的大数据、云计算、智能硬件等智慧化技术和手段深度融合，逐步成为推进物流业发展的新动力、新路径，也为经济结构优化升级和提质增效注入了强大动力。提高物流系统思维、感知学习、分析决策和智能执行的能力，提升整个物流系统的智能化、自动化水平，从而推动物流行业发展，降低社会物流成本、提高效率。

新的供应链产业具有两大特点：

一是互联互通，数据驱动：所有物流要素互联互通并且信息化、数据化，以“数据”驱动一切决策、行动。

二是深度协同，高效执行：跨集团、跨企业、跨组织之间深度协同，基于全局优化的智能算法，调度整个物流系统中各参与方的高效分工与协作。

同时，我们也看到互联网和交通的结合，比如出行领域的优步（Uber）、滴滴，主要是整合驾驶服务，不仅仅是整合车，而是整合出行。

6. 物联网

物联网就是把实物联入网络，最基本的目的其实是使其能够提供相应的信息，从而做到远程感知或是信息的共享。

我国物联网应用主要集中在智能工业、智能电网、智能医疗、智能农业、智能家居和智能环保等领域。很多企业也成立了物联网部门，物联网的相关应用正在快速落地。虽然应用领域非常广阔，但我国物联网市场目前仍处于起步阶段，应用层的产业产值贡献不足10%，而在成熟阶段，物联网的产业产值贡献将超过50%。

随着物联网的兴起，传感器接入网络之后，大大增加了可以挖掘的数据量。网络上的数据不但包括网页、社交网络数据，还有来自物理世界的数据。

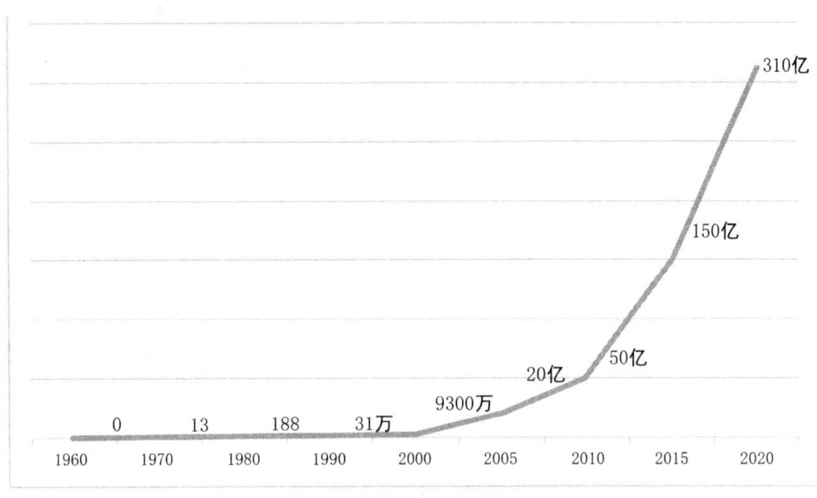

图2-6　连接互联网设备数量

从图2-6可以看出，全球联网的终端符合互联网的发展规律，呈指数级增长。据凯文·凯利的说法，人类大脑的神经元是60亿个，假设一个数据终端代表一个神经元，到2020年全世界的网络智能化程度将相当于5个人的大脑。加利福尼亚大学戴维斯分校传播学教授马丁·希尔伯特说，全球的数据存储量每三年翻一番，而计算能力每一年半就翻一番。2011年，人类所有的计算机每秒可执行6.4×1018个指令——与人的大脑每秒钟的神经冲动次数差不多。5年后，计算机的能力已经接近8个人的大脑了。

谷歌 CEO佩吉说：放眼未来，“设备”的概念将与我们渐行渐远。有朝一日，各种外形的计算机将会在我们生活的各个方面扮演智能助手的角色。这个世界将从移动设备优先变为人工智能优先。

后端的连接主要以“物”的供给为中心（见表2-7）。宜人贷、微众银行等通过互联网金融连接物和资金，提高了资产的流动性；顺丰、滴滴等通过连接物和运力，提高“物”在空间上的流动性；海尔、红领等通过连接物与物，提高“物”的生产效率。它们分别是不同连接发展阶段的产物，也成为具备产业控制力、领先群雄的产业代表。

表2-7　后端供给的连接历程

连接趋势	金融	物流/交通	物联网
模式	P2P 互联网银行	智慧物流 共享出行	工业4.0 互联工厂
特征	普惠	运力共享 深度协同	机器互联
企业 代表	宜人贷 微众银行	顺丰 滴滴	海尔 红领

当下，我们正进入“连接一切”的新时代，一个信息技术高速发展、数据爆炸的万物互联的时代。从信息传播的内容角度看，连接是一个不断丰富化、立体化、全息化的过程；从人与世界的交互角度看，连接是一个人的感官不断延伸的过程。

企业或组织运用连接力这种新兴的力量程度越高，它在整个社会体系中的进化程度也将越高，也将在这场技术演进的竞赛中跑得更快。研究连接力所产生的这种新价值观，对于未来商业社会的发展趋势，是一种重要的判断维度。

连接一切，是新商业时代的关键所在，整个新行业的发展都以重塑连接力为起点。新商业连接一切的蓝图正在一步步展开。这种连接力产生于人对连接的实践和理解的过程，包括连接的载体与方式、连接的速度与效率、连接的可靠性、连接的范围、连接的网络结构、连接的发展趋势等。每个产业、企业和个人都需要通过提升自己的连接力，才能大大扩展自身的价值。

New Business Times

第三章
新组织：重构连接新常态

1.0时代是国家与政府在驱动世界，2.0时代是公司与企业在驱动世界，而未来将会由个体与社群驱动世界。

——托马斯·弗里德曼《世界是平的》

在冷兵器时代，两军对战时会用方阵进行冲锋或者对射，比如亚历山大大帝使用著名的马其顿方阵（每个士兵手持6米长的长矛，通常64名甲兵组成一个排，128人组成一个连，256人组成一个营，1024人组成一个团），比如拿破仑的火枪方阵（当时火枪效率低下，装填弹药需要的时间很长，所以第一排完成射击，后退填弹，第二排补上才是最合理的）。就是这种看上去笨拙的组织形式，让亚历山大和拿破仑一度横扫欧洲大陆。这些方阵通过标准化的组织形式，让每个人融入到集体中，士兵不需要掌握太多的技能，重要的是按照纪律和口令各司其职。

这种作战组织形式在第一次世界大战时彻底终结，主要原因是技术进步，出现了新式武器：英籍美国人海勒姆·史蒂文斯·马克沁于1883年发明了射速为每分钟600发的马克沁机枪。德国人最先在索姆河战役中应用，每隔100米配备一挺马克沁机枪，导致英法联军一天伤亡6万人。从此，战场上再也看不到方阵式冲锋军团。

作战中的组织形式还在不断变革。在伊拉克战争中，美军派出的小股地面部队都是6到12个特种兵组成的战斗小组。这些战斗小组装备精良，卫星通讯、定位、医疗、短时间的火力掩护等一应俱全。一旦发现敌情，能够在几分钟时间内，协调空中无人机、导弹、直升机等各种火力支援，能够以极小的代价对敌人形成重创。而后台的指挥官们远在千里之外也能够对战场形势了如指掌，快速做出决策和判断。

技术的发展在倒逼组织结构发生变革。纵观军事史，从方阵到6人小组，组织结构的变形，无论是主动的，还是被技术发展“倒逼”的，都在朝着更高效的方式进化。每一次技术的革新，都会催生出新的组织形态，小到家庭婚姻的组合方式（单身人士和丁克家庭数量增长），大到国家系统的运转形式。

麦克卢汉认为一切技术都是肉体和神经系统增加力量和速度的延伸，技术本身就是一种破坏力，它的出现与发展必然引起社会组织的变化：新群体的构成及新社区的形成。马拉车、铁路等技术驱使城市与国家的功能分离，包括商业和政治的功能分离，甚至导致经济学家所谓的“中心—边缘”结构出现，而电力的使用和飞机、汽车的出现正在改变这种分离格局。这种区别就像铁路系统和输电网络系统的区别，铁路系统需要铁路终端和大都会中心，而电力容许任何地方成为中心（分布式能源），并不需要大规模的集中。

数据时代的商业重构，其核心是节点重新连接。面对数据大变革时代，重构是一种必不可少的手段。重构是解构和重组的联合应用，解构就是拆分的过程，把东西拆成更小/更灵活的部分，然后重新连接引发行业新的变革。以互联网为代表的新技术作为一种技术手段，促进了信息的流动，和汽车、飞机、轮船等促进物质的流动一样，会加速节点解构和重构的速度。

重构有两个过程：一是旧连接中断和新连接建立；二是节点裂变和聚变。

一、新连接四个步骤：分合集散

1. 分与合：连接中断和新建

所有系统的重构都必须经过解构，互联网也是如此。重构的核心是破坏原有的连接，消解原有的边界，然后以无限的潜力迅速连接成一张新网络。

所有商业创新都是基于分与合。分就是原有连接的中断，从中产生新节点；合就是把这些零散的节点连接进行“短路”（即价值追求最大化的最短路径），产生新的价值。重构连接有时候是“短路现象”。比如，滴滴出行通过第三方的工具把浪费掉的“车空驶”和“人等待”进行短路与结构性优化，从而产生创新。再比如奢瑞小黑裙，作为重度垂直的单品，创始人王思明搭建电商平台，邀请大量的设计师，每人只设计一款小黑裙。设计师基于个人品牌的价值，其背后会有自己的流量，因此设计师就成为小黑裙平台的第一批代理人，合出来的是流量整合。

一般说来，所有获得巨大投资或估值的创新项目都是基于“分与合”，分产生的是新节点，合产生的是新连接。节点的重新连接会产生更大的价值。

2. 集与散：节点聚变和裂变

在网络中节点是核心要素。在连接新旧交替的过程中，部分节点遵循效率原则和有效原则，不断分化剥离，裂变为能广泛和外界连接、互换、有标准化交互界面的节点。部分节点因其连接的效率和范围，聚变为信息和资源要塞，形成集群化价值网络，最终演变成为平台和生态。

网络的节点呈现不均匀分布。在多数网络中，大部分节点只有少数几个连接，而某些节点却拥有与其他节点的大量连接。这些具有大量连接的节点称为“集散节点”，所拥有的连接可能高达数百、数千甚至数百万。例如，早期的港口网络是没有层级的，但经过多年的发展自发形成了主枢纽港、喂给港和支线港三个层级。人际关系网络、互联网站乃至微博用户都将如此演变，节点越多，起到关键作用的个别节点的地位会越突出。这就是复杂网络系统的特点所在。

集散节点的存在说明各种复杂网络系统具有相同的结构，受制于某些基本机制：成长性和优先连接。这些机制似乎可同等地适用于计算机、细胞、语言和社会等网络，也有助于解释节点的聚变和裂变的存在，最终会形成集散节点通过拥有大量连接所控制的网络系统。

新星效应的成长性。1990年整个万维网只有一个网页，而到今天全球已知网页数已经有50多亿（截至2016年），万维网的页面数量是一个高速成长中的变量。30年前，整个因特网只有几个路由器，随着新的路由器与网络原有的路由器相连接，如今路由器的数量已经高达几百万个。在因特网中，连接较多的路由器通常拥有更大的带宽，因而新用户就更倾向于连接到这些路由器上。1890年，好莱坞只有屈指可数的几位演员，但随着越来越多的人加入演艺行业，这些人互相形成连接，如今在好莱坞已经超过几十万人。连接关系较多的影星更容易受到重视。可见，在一个增长型的网络里面，早期节点获得连接的机会就比较高。

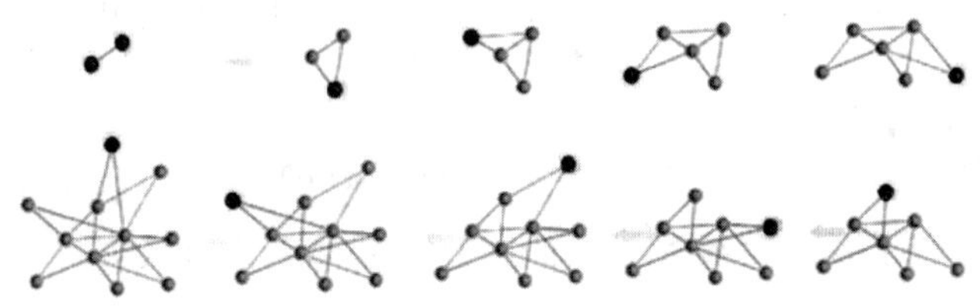

图3-1　网络节点的增长

如图3-1中的网络节点从2个成长到11个，当新节点（黑色）决定建立连接时，总是倾向于和已经拥有较多连接的节点（灰色）相连接。当新节点出现时，它们更倾向于连接到已经有较多连接的节点，随着时间推进，这些节点拥有比其他节点更多的连接。这种“富者愈富”的机制使早期节点有可能成为集散节点。

不同节点之间是不平等的。虽有数十亿的网站可供选择，然而我们大部分人只熟悉其中的一小部分，这一小部分一定是拥有较多连接的站点，比如搜索信息使用的Google、百度，社交用的Facebook和QQ，购物用的亚马逊和淘宝等。只要连接到这些站点，就造就或加强了用户对它们的偏好，这就是“优先连接”的过程，这同样发生在其他网络。

在美国的生物技术产业内，像知名公司美国健赞更容易吸引到同盟者，而这又进一步强化它在未来合作中的吸引力，形成良性循环。类似的还有被引用较多的科学文献，会吸引更多的研究者去阅读和引用。美国社会学家罗伯特·K.默顿（Robert King Merton）将这种现象称为“马太效应”。（源于《圣经·新约·马太福音》：“凡有的，还要加给他，叫他有余。”）

根据笔者的观察， 如果我们进一步把这种连接与重构的过程上升到范式层面，那么很多复杂的网络系统都在进行这一连接与重构的过程，如表3-1所示。

表3-1　重构新连接的系统一览表

系统	节点裂变	连接	节点聚变
身体	感官知觉系统	神经网络	大脑中枢
能量	裂变	流变（流动moving和共享share）	聚变
精神	民主	平等	开放
城市	商业/住宅 卫星城	道路 水电网络	CBD 城市中心
几何	点	线、面	体
思维方式	演绎法	逻辑推导	归纳法
经济体制	市场经济		计划经济
权利 政治体系	分权 个人主义 城邦制	平权	集权 集体主义 集权制
阶层	普罗大众	中产阶级	权贵
治理	民主议会 群策群力 广场演讲	制度	专职 独断拍板 一言堂
法律体系	一般法、习惯法	法庭 律师	大陆法、成文法、法典
新商业图景			
新经济	需求升级 个性化	市场化 共享经济 全球化	供给侧改革 新计划经济
新商业 C2M	社群商业 community	O2O 天罗地网	智能商业 maker 产业云
产业	小而美	产业联盟	大生态 企业云
企业	小前端	组织变革	大后台
个体	超级个体 个体解放、崛起 手艺人	自我量化	机器人对个体的替代、模拟 个人云
价值模式	用户体验导向 个性化、人性化	价值传递链条	效率导向 智能化
竞争模式	胜者通吃		协同效应

续表

系统	节点裂变	连接	节点聚变
运营模式	轻、快 垂直、小而深		重、稳 一体、大而平
赢利模式	范围经济		规模经济
组织方式	扁平 阿米巴、特种兵	组织架构 层级	层级 金字塔
统计分布	长尾		头部
开发方法	敏捷开发		瀑布流开发
决策方式	自下而上	沟通机制	自上而下
新商业要素			
数据	端 数据入口 智能硬件 分布式数据处理	网 数据传输	云 云存储 云计算 集中式数据处理
社群	人 人人都是群主 自组织	社交平台 关系 （血缘、地缘） 集会权	意见领袖 重新部落化 社区聚集 他组织
内容	众智 UGC 人人都是自媒体、网红 裂变式传播	自媒体和聚合媒体平台 （话语权、议程设置）	热门话题 IP 信息聚合平台 今日头条
场景	触点touch point 人人都是商业	SoLoMo 消费权	爆品 群体性事件
物流	众包 人人都是司机/快递员	运输工具和通路	总控中心 交通枢纽
金融	普惠金融 众筹、P2P 人人都是银行网点	区块链 数字货币 移动支付 金融平权	央行 产业整合
智造	众创 人人都是手艺人	工业4.0 新公社 创造权	智能云工厂 工业集群 产业云

这种连接与重构将渗透到人类活动和思想的一切领域。

未来，社会的固定结构将会被打破，变得更加“柔软”。互联网时代，人和组织的存在方式将会改变。传统形态的大企业会越来越少，人将是社会化的，人与人之间的工作协作方式将更加灵活。随着互联网特别是移动互联网的发展，传统工业时代似乎正在离我们远去。未来，经济与社会组织将不再是凝固僵化的“矩阵式”形态，而是呈现为“网状”模式。这种转变是革命性的。根据不同类型的系统，组织会有不同的适用形态，但其整体变化趋势具有以下特征：

二、新组织四大特征

1. 实时在线化

阿里巴巴的曾鸣提出：未来企业存不存在，就看企业在不在线。

在未来，线上的沟通和协作会变成常态，甚至很多组织根本就不需要线下的实体空间，所有工作都是在线上完成，并且是随时、随地、随人。在线化的价值一方面能够提高沟通效率，方便信息共享，移动互联网可以轻松连接来自全球各地的团队；另一方面能够沉淀内部的交互数据，有利于精细化管理，甚至降低管理成本，比如员工的KPI（关键绩效指标）可以自动生成，不需要费时费人力去统计、审核。

有很多组织的线下实体资源并没有在线化，这些资源就没法量化和核算，所以不能实现迅速的调动和交换。当然，这种问题可能随着物联网等技术的发展得到解决。

2. 组织无边界

原先的企业经营基本上都是内部行为，未来企业的经营行为则既包括组织的内部资源，同时也包括组织的外部资源。那么如何打破组织边界，实现产业中各利益相关方的有效协作呢?

由于企业实时在线会产生大量的数据，因此企业逐渐数据化，而数据化语言的通用性让企业的外部边界变得越来越模糊。比如，卖水果的商店和卖五金的商店都使用人民币，都有同样的货币交易行为。数据也是如此，不同行业的数据模型纵然不同，但都是比特，在这个层面属于同一种语言。产业外部之所以出现边界，正是因为不同行业之间没有共同的企业语言。通过数据，产业外部的边界不断拓展，可以使企业面对同一组织目标——用户。整个产业围绕用户实现商业价值、获得经济利润。这样，整个产业的协同和连接就会进一步深化。

所有的产业最终都以用户开始，所有的企业都会更贴近于用户需求。小米手机就是如此——从用户出发，对产业和产品进行数据化的流程再造：以用户为导向的资源配置模式。企业的数据计算和最终的战略布局，都依赖于用户的需求展开，因此传统企业的组织方式和组织架构会发生变化。

数据是一种通用语言，一个企业所分享的数据平台和数据广度越大，那么最终得到的以数据为语言的数据回报将会越多。平台型的大企业在大数据时代利用自身已有的入口优势，结合同一种数据语言和同一战略导向（消费者），企业的外部边界将会逐步被打破，达到数据化集成共享，将企业的核心数据资源和可共享资源外包给非特定的（而且通常是大型的）大众网络，最终实现更大的商业布局，形成以大数据为依托的全新产业。一个崭新的新商业时代，以大数据为核心逐渐展开。

要促成生态内各利益相关方更有效地实现协作，需要在信息交互（数据化）和优化资源配置（用户导向）两大方面下功夫：一是减少信息交互障碍，提高沟通效率,加强各方的数据共享和流动，这是协作的基础；二是以客户创造价值和体验来设计配置资源的标准，基于大数据分析，优化资源配置效率。

在这个用户主权时代，用户不仅是企业的消费者，还可以参与到企业的各个经营环节，比如研发、传播、资本管理等，成为企业的传播者、品牌共建者、研发成员、天使投资人等。小米成功的一部分原因即在于此。要做到这一点，企业必须设计适当的参与机制，包括参与的门槛、开放环节和激励机制等。

企业有多少传统资产将不再重要，重要的是如何打破企业的边界，以数据的强连接力和用户导向的资源调动力构筑“公司变小、边界变大”的新生态。

3. 自组织和社群化

产业演化为无边界之后，随着市场和客户价值创造环节的变化，企业会根据产业组织节点自动适应新的产业结构和协作机制。

对于移动互联网时代的新组织来说，面对不确定的外部环境，一方面是创造更多让个人表现的机会，自组织更追求无为，意味着任何组织要允许一定的失控存在；另一方面，让组织充满活力就要进行分布式创新，从边缘处突破。自组织里面也可以以项目为机制，诞生自组织，让组织有一种自我生长的机制，并对这种机制进行良性引导，形成奖励机制，让组织真正变为企业成长的发动机，成为创新创意生长的源头与活水。

腾讯CEO马化腾曾说，未来的组织要通过信息技术和互联网技术灵活调配资源。社会中的各种资源可以在组织需要的时候，快速地聚集起来，完成一项任务后立刻消散，来去自由。

移动互联网时代将个体定义为一个信息节点，信息节点的自由连接形成社群。这些群体一般具有趋同性，具有相同社会标签和价值观的人才会走到一起。因此，不同社群的组成和搭建在设计上应该遵循社群的运作原则,同时通过规则引导群友根据群功能（组织的使命、愿景、价值观的外在呈现）适当调整并转换角色，这样群内交互才会变得高效、实用。

4. 扁平化和去中心化

对一个组织来说，层级变少，决策链和信息链变短，才能迅速响应用户的需求和市场的变化，同时降低内部沟通因信息不对称、变形而带来的成本。

乔布斯提出的海盗团队有两个关键词：痴迷和尊重，这两个词代表了乔布斯团队管理的核心思想。苹果（Macintosh）团队的口号是“做海盗，不做海军”。海军象征着传统的团队管理模式，这种模式存在着三方面的弊端：官僚、低效、个体之间责任的推诿。造成以上问题的根源首先来自于团队成员对所从事的工作缺乏热情（缺乏令个体“痴迷”的兴趣点），将工作单纯地作为养家糊口的工具，在工作中个人情感、精神诉求无法得到满足。他们秉承的工作态度是“但求无过，不求有功”，这种心理造成了成员对工作责任的推诿。

很多传统企业缺乏对员工个人价值的尊重，体现在以下三方面：

一是已经形成了一套固有的管理制度和办事流程，新人只需要遵循现有规则完成分内工作。如《摩登时代》里卓别林扮演的工人查理，只需要在流水线的某一环节完成简单机械的安装动作。人更像是机器的某一部分，完全被工业化剥夺了作为高等动物的思考与创新能力。

二是层级式的汇报体系降低了原始信息的价值。由于个体间对信息理解程度的差异，原始的创新理念经过多层次过滤，削弱了信息的内涵，同时降低了信息的传导速度。

三是官僚体制中“秋后算账”的惩罚机制，导致个体只能沿着传统模式循规蹈矩，遏制了个体敢于突破的勇气。

乔布斯的团队管理模式成功地避开传统团队的弊端，体现了对人创造能力的尊重。轻量级团队、扁平化组织结构保证创新理念的有效传递和分享，体现了对团队每位成员的意见的重视。一个以产品为导向的工作团队，会更加务实，同时要求每位成员对产品研发具备极大的热情，只有真正专注于产品开发的人才能在枯燥的探索过程中找到乐趣并坚持到最后。

工业时代的公众传播是有中心的，公共信息发布由专门的公共新闻社、公共团体发出。互联网时代的传播是去中心的，互联网时代价值传递的权力开始转移，有部落广场、广播传播、聊天室传播等，传播力主要取决于发出者；无边界传播的传播力则取决于各传播节点，传播权力从传播中心转移到分散的节点。“去中心”不是没有中心，而是形成“不确定的多中心”；“去中心”意指去掉静态固化的中心，而由传播本身的中心引导，传播完全可能源于一个普通人，并以他形成传播中心。

未来的组织形态以为客户创造价值为导向，为客户创造价值的节点的负责人就是中心，也就是所谓的“人人都是CEO”或者“人人都是×××”。

“去中心”还面临着两大挑战：一是人与人之间的信任问题，个人情况的审核成本很高，比如个人信用；二是合作风险凸显的问题，因为人与人之间没有长期合作的契约关系。当然，这些问题会随着大数据征信的发展得到解决。类似“芝麻信用”这样的个人信用评价系统，每个人的信用情况、经历、身体状况都能实时信息化，实现低成本“监管”。

扁平化也好，无边界也好，任何组织的架构都有其适用的背景和条件。对于我们来说，重要的是去思考背后的逻辑，为什么这么做有效？目的是什么？是不是释放了组织的活力，是不是对企业有帮助？

在未来，所有可能被互联网取代的组织一定会被取代。过去人们把互联网当作提高效率的工具，而实际上它有着内生的发展逻辑，对现在所有的组织形态都会产生深远的影响。

三、新常态：产业—企业—个体的新组织方式

新连接推动社会组织向社群化、部落化、个体化发展是一种趋势。观看未来的商业版图，“大陆”会分解。从“大陆”来看，世界就是帝国，是有领土、有边疆的，要囤积资源，所有要素都是内部循环。可在群岛式的生存中，当你只在某个岛上，这个时候你囤积的资源很受限。相反，在群岛式的生存逻辑下，谁有更多的“码头”，可以跟外界有更多的来往、更多的连接，谁将活得更好。典型代表就是新加坡模式。新加坡的强大并不依赖于自己有多少资源，而是重要的节点跟周围形成更多的连接。

在数据时代连接与重构的趋势下，产业、企业和个人正在向形

态更高级、分工更细致、结构更合理的阶段演化，产业、企业和个人发展进入新常态。比如：产业正从产业链竞争转向生态化生存；企业组织正从金字塔组织方式转向更灵活的阿米巴形态；个人通过连接成为超级个体，逐渐从体力劳动中释放（被机器人替代），向知识工作者（新时代的手艺人）转型。

重构反映到具体的产业、企业和个体层面，即为表3-3、表3-4所示。

表3-3　产业—企业—个体的重构

层面	节点裂变	节点聚变	连接与重构
产业形态	离散的小而美 群岛结构	集群的大而全 大陆结构	信息时代新基础设施，数据海洋连接大陆和群岛
企业演变	组织的消解、社群化	组织的集权、平台化	数据是无形资产
个体发展	人人时代 个体崛起和手艺人的释放	超级个体 意见领袖 KOL	虚拟自我 人的在线化

表3-4　产业—企业—个体不同维度的重构

维度	产业	企业	个体
旧连接	链式 产业上下游	金字塔式 层级	集权式 组织流程
新连接	分布式 生态协同	蒲公英式 数据驱动	蜂巢式 用户中心
节点裂变	小而美 需求端升级	小前端 超级分权	手艺人 价值创造
节点聚变	生态型企业 （或者产业集群 基础设施） 供给侧改革	大后台 超级集权	平台 价值传递
新特征	无边界 自组织	扁平化 在线化	去中心化 社群化
案例	开放平台 阿里淘工厂 O2O产业	内部孵化器 海尔人单合一	网红 自由职业 智力服务共享经济

未来的商业组织要么是平台型的，规模极大；要么是专业型的，规模很小，小到是具有专业技能的个人。这两种组织都没有边界，前者唯有开放，海纳百川，才能成为生态；后者唯有连接，八方支持，才能生存。

1. 新产业：点面分布的“大生态+小而美”

原有的产业链（旧连接）从上下游部分中断，部分企业聚变为产业组织者，围绕新的产业组织者形成产业生态；原有产业中在不同阶段内的同业竞争变成了产业生态系统的协同（新连接）；部分企业裂变为小而美的公司，原有企业内部的价值链（旧连接）部分环节外部化，联合提供基础设施的生态型企业形成价值网。

（1）重构与连接：从链式到分布式

未来的产业构成是无边界的生态企业+小而美的精品公司和超级个体。整个产业结构（见图3-2）呈现点面连接的状态，像星系一样，有一个相对模糊的范围，周边围绕大量的“点”。企业要么成为生态，要么成为生态的一部分。

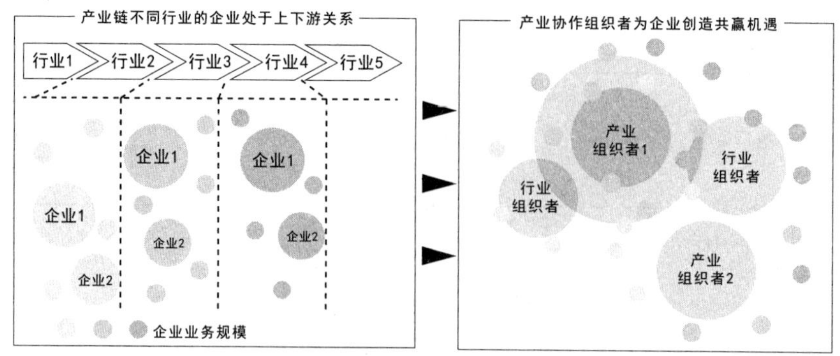

图3-2　从产业链结构到产业生态结构

这一变化对商业产生的最根本影响是产品和服务的提供者与平台提供者之间越来越明显的分工。随着用户的个性化需求越来越细分，平台往往很难满足用户，不与专业内容提供商结合，将面临失去用户的风险；而专业垂直的提供商由于服务小众也必须依赖大的平台才能生存，获得流量、系统、软件、物流等方面的支持。这种变化也将对传统的服务领域（物流、软件、IT等）产生深刻的影响，并使之改变。比如，美丽说和蘑菇街兴起的背后是淘宝等大而全的公司。一个以淘宝等巨头级别的公司为平台，小众化和部落化的应用点状分布的新型产业形态将会出现。

原来的制造业以垂直一体化为主，但在未来可能是100万家企业共用一个平台，获得供应链、物流、设计、工厂等。未来的制造业还会往两端走，本质上还是供需的高效匹配。

在这种未来商业的样态中，企业的视角需要从企业内部、合作伙伴等，不断扩展到整个的商业生态。企业要想长期在市场中生存下来，只有做到：构建具备未来巨大价值空间的商业生态，或者加入这类商业生态并在其中做出自己的贡献。

（2）产业聚变和裂变：供给侧和需求端

在产业层面，平台型、生态型的企业巨头越来越关注供给侧，优化云服务、工具、基础设施的供给；小企业越来越关注需求侧，专心满足不断升级、细分和转型的需求。这两种方向都将成为常态。

苹果公司的APPStore就是典型范例：苹果公司构建整个移动互联网的网络平台基础，然后开放接口，由第三方软件开发商在上面发布软件应用并获得回报。对于整个平台基础设施而言，苹果公司对规则设置、环境净化等控制得非常严格；在用户使用的具体软件应用上，苹果则控制好接口，把剩下的事情交给第三方软件开发商。

阿里巴巴开始越来越多地承担底层的金融、物流、信息系统等职能，着眼于从供给侧提升整个产业的效率。显然，这种产业聚变的逻辑，跟阿里巴巴这么多年发展第三方支付、第三方信息服务、菜鸟物流等举措是一脉相承的。

而对于厂商、渠道商、淘宝店主等中小企业（见表3-5），其存在价值有两点：第一，对需求侧的满足；第二，接入产业生态，提升供给侧的效率。因此，企业开始裂变，一些部门会被剥离，接入垂直专业化的第三方平台。互联网改造传统行业，是高效率整合低效率，本质是效率之争。当外部连接效率大于内部连接效率的时候，就会出现共享经济的爆发式生长。

表3-5　企业内部价值链外部化

企业价值链环节	各环节外部的专业垂直化的代表企业
设计、研发	猪八戒、一品威客等设计，知识经济共享平台。
生产	制造中心、淘工厂等共享制造。
销售	微商城、淘宝、京东等新零售渠道。
流通	顺丰、菜鸟等专业的物流公司。
信息化	纷享销客、salesforce等SaaS平台。
人力行政	共用前台、代交社保（51社保）等。
财务	薪人薪事等。

“小而美”的公司朝垂直专业化发展是必然趋势。一方面这是大数据时代的必然产物。在大数据浪潮的冲击下，精准的定制、投递和服务，更容易被人们接受。美丽说和蘑菇街的兴起，以及一些垂直链的整合也证明了小众化和部落化的发力。另一方面移动互联网是推动力。移动互联网的兴起，促使信息交流更加便捷，人们在网上购物时，更容易快速下决定，快速下单。整个交易流程变快，

证明小众化的服务更加贴合人们的需要。

要么成为生态，要么成为生态的一部分。要么做大而全的生态，要么做小而美的手艺人，这是数据时代商业竞争呈现出的最终格局。

（3）阿里巴巴对企业构建生态系统的启示

用户是任何一个商业组织赖以生存的基础，没有用户，任何生态系统都无法形成。自然界中的生态系统想要繁荣发展，首先要具备充足的能量与营养物质的供给，比如阳光、水、有机物等；其次是在不同生物之间高效传递这些能量与物质的食物链条或网络。在与之类似的商业生态系统中，能量与营养物质主要是用户流。海量用户始终是构建阿里巴巴生态系统的核心和坚实基础。同样，腾讯围绕微信数亿级的高黏性用户实施开放战略，打造生态圈的举动，得到行业内的积极响应和踊跃参与。

阿里巴巴在创立初期是一个标准的撮合交易平台，无论是服务外贸生意的阿里巴巴主站，还是以服务小卖家及消费者的淘宝网都是如此。在聚合并稳固大量的企业及个人用户后，阿里巴巴开始构建更多业态的体系，为用户提供更全面、更系统化的产品和服务，同时也更广泛、深入地获取用户价值。阿里巴巴在十几年的时间里，在与用户相关的多条价值链的关键环节上进行布局，构建了多条能够服务其海量用户的价值链，并进一步完善与扩展价值链组成了价值网络。以庞大的价值网络为基础框架，吸引第三方企业与机构进入，形成一个生态系统。

为建立这一体系，阿里巴巴一方面是通过自建，自我发育，比如，为了解决淘宝的交易障碍而推出支付宝，后来为企业和个人提供一站式金融服务的蚂蚁金服的诞生；另一方面通过并购、战略投资以及战略合作来实现体系的建设。在用户方面的投资和合作，主要集中于线上社区及生活服务，比如，国内领先的线上社区新浪微博、陌陌；生活服务类企业美团、唱吧、高德地图等，立足于为消费者提供更为完善的线上及线下体验。在企业服务方面的布局，阿里巴巴2009 年宣布开拓阿里云业务，同年收购中国万网（2013 年初并入阿里云），2013 年投资建立菜鸟，通过核心的数据及基础设施服务，帮助物流企业提高效率，并帮助阿里巴巴的企业用户获取更好的物流服务。

2. 新企业：两极分化的“大后台+小前端”

企业进行内部变革，重构价值链。其中，与用户直接接触的市场、销售等部门裂变为阿米巴或者特种兵，成为小前端，以更小、更轻的节点，响应用户需求和快速变化的市场；后端人力、财务、供应链等部门，聚变成运营中心（大后台），通过数据驱动（新连接）支撑众多的小前端。

（1）重构连接：从金字塔式到蒲公英式

互联网推动企业组织的内部信息从不对称到对称，交互从低效到高效。

很多传统组织的权利来自于信息不对称，你知道的我不知道，你有的经验我没有。但现在通讯发达，大家在信息面前基本是平等的；同时，信息的流动变得高效和透明。传统金字塔形的组织专为传递信息而设置岗位，就会导致层级的出现和人为的信息过滤、变形，造成管理的失效，组织运作中也会出现诸多问题。

现在的企业要思考如何让组织内部的信息变得更加透明、对称，流动的效率变高，更保真。企业在组织上要完成从金字塔式向蒲公英式结构的重构（见图3-3），贯彻以用户为导向，产生多个用户接触点，帮助企业迅速响应，提升组织竞争力。

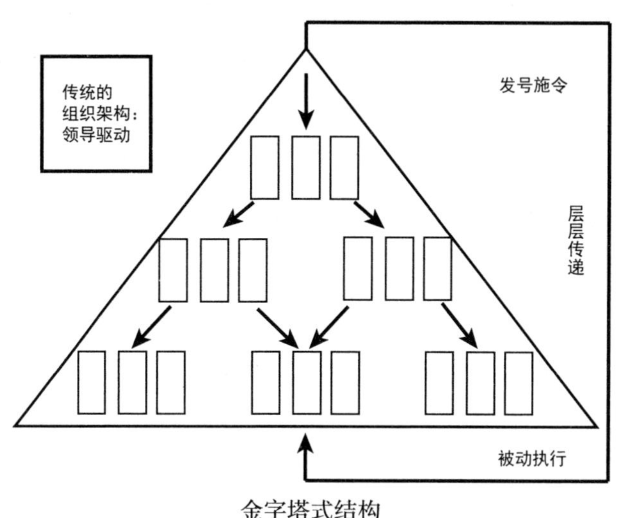

金字塔式结构

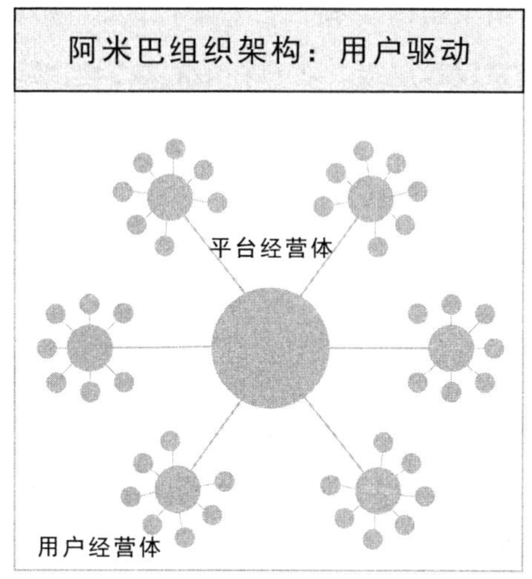

蒲公英式结构

图3-3 从金字塔式结构到蒲公英式结构

新的组织和连接结构分为两个部分：用户经营体和平台经营体。

用户经营体：直接面对用户，其责任是发现用户需求，提供产品和服务，满足需求；经营体负责人全面负责市场，代表企业向用户提供服务。当市场目标确定后，他代表用户向总部要求资源；原来的架构如企划、开发、人力、财务等，并不直接面对市场和用户。

平台经营体：总部承担平台经营职责，为区域经营体提供资源和专业服务，包括统一的研发、人力、财务、运营和采购中心等，满足前端区域经营体的需要。

在未来，组织不再是权力的中心，而应该越来越平台化、网络化、生态化，形成一个能够快速对接市场需求、围绕用户进行互动的小生态圈。

（2）企业聚变和裂变：超级集权和超级分权

传统企业的组织结构基本上都是金字塔型，根据组织权力的大小和职位的高低来设计层级，客户在最底端。但移动互联时代的组织以用户为导向，用户在顶端。在企业内部，谁为用户创造的价值最大，离用户最近，谁就最有权力。

未来，企业组织的演变趋势是平台经营体变成超级集权，集权是针对数据、资本、人力等企业基础资源的一体化管理，提高效率。用户经营体则超级分权，分权是针对用户的创新和自主权。因此，企业需要围绕最“接地气”（接近市场和用户）的员工和部门来重新设计组织结构，“用脚投票”不断优化权力的分配。比如和君咨询的合伙人制，合伙人是用户经营体，在前端成为服务客户、保证客户满意度的核心节点，享有很大的自主权，公司后台和资源都来支持他们。即使是和君的董事长和总裁，在服务客户的层面也只是协助合伙人教育客户和谈单。公司的资源完全根据合伙人能否服务好客户来配置。

（3）海尔、华为、腾讯的组织变革

组织是一个复杂的系统，目前外部对海尔、华为、腾讯三家公司的组织形态判断都是基于公开资料或者内部人士的只言片语，难免以偏概全。在这里笔者只对它们探索企业组织变革的行为谈一谈自己的看法，因为这三家公司比较有代表性。

海尔是典型的传统生产型企业，而且有国企基因。无论是哲学层面的"均衡即死亡"和企业战略层面的"企业网络化"，还是"无用户全流程最佳体验的产品都不应生产，无价值交互平台的交易都不应存在"，人力资源层面"人的再造"、组织层面的"人单合一"的倒金字塔；无论从打通内外部沟通协作的"云之家"信息化平台建设，到取消传统媒体的广告投放，还是到用"海立方"平台调动全社会的创新资源，突破企业边界，打造海尔生态，海尔的每一次动作对企业界和管理学界来说都是现象级的。

海尔到底能不能成功？有无代表性？是不是搞事件营销？这些问题都不重要，重要的是这种探索和尝试给我们的启示，这本身就是价值。

腾讯是一个典型的互联网公司。有趣的是，它的组织机构、几大业务系统和几大支持系统，乍看起来都不太合理。但从组织形态主体和发展逻辑来看，这些都是围绕腾讯的产品来转的，之前是QQ，现在是微信和QQ并驾齐驱。一是因为所有的用户都集中在这些产品上，二是其他的产品与服务也是基于这两个产品构建的生态延伸、发育和整合进来的。另外，腾讯几大业务系统的划分，比如广告、游戏、电商等，也是基于互联网产品的变现方式。除了腾讯，

大部分互联网公司采取的也是产品经理制，围绕产品来设计组织，而产品的背后是使用产品的用户，最后还是回到了以用户为中心。

相对而言，华为是比较特殊的公司，既是传统企业（生产型），又算是互联网相关企业（通信领域）；既有针对企业的2B业务（基础设施建设、信息化等），又有针对终端消费者的2C业务（手机、云服务等）。

华为的组织形态也比较特殊。据了解，华为建立的是一种可变的矩阵结构。换句话说，是以事业部为主的组织结构结合不稳定的矩阵结构。当该结构网收缩时，矩阵就会叠加起来；当华为需要扩张时，网就会拉开，可以增加部门和岗位。

这种组织形态更类似于某种进退自如的创业管理机制。一旦出现机遇，相应的部门便迅速出击、抓住机遇。在这个部门的牵动下，公司的组织结构发生一定的变形，部门与部门之间联系的次数和内容发生了变化。这种变形是暂时的，当阶段性任务完成后，整个组织结构又会恢复到常态。这种组织形态跟军队在非战争状态下的有序训练和战争状态下的集中动员很相似，可能和任正非出身部队有一定的关系。这种组织形态能够正常运转，主要有两点原因：一是类似中国特色的民主集中制，在集权和放权之间平衡；二是华为在独立审计和信息化方面投入了大量的财力、人力，这有利于企业的量化管理和透明化。

3. 新个体：人以群分的“平台+手艺人”

个体层面从集权式作业流程（旧连接）到蜂巢式的协作（新连接），从组织雇佣人到自由手艺人。

（1）连接与重构：从集权式到蜂巢式

中心式的结构是一个部门或者个人控制整体，推进项目并统一开展，而蜂巢式的结构是让每个人都获得授权并自成一体，每个人都在为平台贡献力量。如图3-4所示。

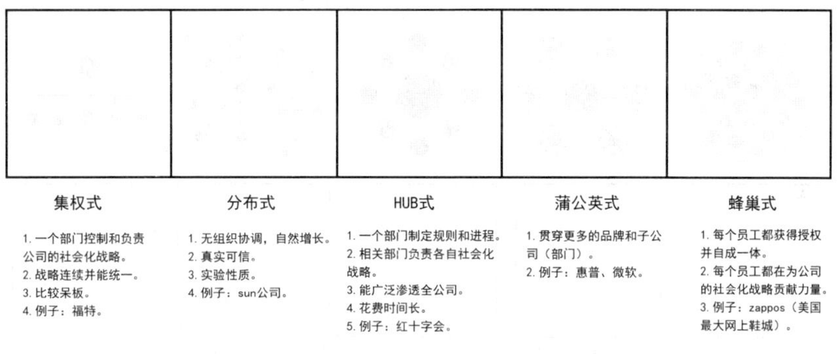

图3-4　从中心HUB式结构到蜂巢式结构

你做一个App放在苹果的AppStore上，苹果收你多少钱？30%，这不相当于你作为个人雇佣了一个大公司吗？因此个人的重要性会越来越大，组织的重要性会相对变小。

从理论上来说，以手艺人为中心的职业都可不以公司的形式存在。比如说房产中介、资本市场研究员、基金经理、歌手、演员等，这些职业共同的特点就是业绩和个人关系比较大。这些行业的组织机构也开始没落，而一些手艺人的个人平台开始兴起，这部分人通过互联网重新和客户连接。此前，交易成本比较高，所以必须有一个实体店将这些人聚合成一个公司，而现在交易成本和信息成本史无前例地降低，于是出现了许多为手艺人提供个人机会的互联网平台。

“互联网+”不仅在推动互联网与各行各业的融合，更是在连接每一个微小的个体，企业不再是社会经济活动的最小单位，个人成为其中的最小细胞。就如马化腾所说："这就需要我们关注，未来，如果一个企业不能通过'互联网+'实现与个体用户的'细胞级连接'，那就如同一个生命体的神经末端麻木，肢体脱节，必将面临生存挑战。"

（2）个体聚变和裂变：价值传递和价值创造

随着互联网经济的发展，线上平台越来越成熟，自由职业者如同雨后春笋一般逐渐显示出蓬勃的发展趋势。职业社交网站领英（LinkedIn）的数据显示，目前中国O2O平台自由职业者平均收入超过一般白领。自由职业群体已经逐渐崛起，成为分享经济成长的重要土壤。LinkedIn通过对其4亿用户的数据库分析发现，自由职业者分布范围很广，覆盖社交媒体、工程、程序员等很多领域。

从另一个角度来看自由职业的发展，也证明了个人的专业服务越来越被市场认可。个人专业服务不仅为市场带来了活力，还将人的价值最大化，盘活了知识工作的资源。这不仅能让"专家"们获得更多的发展空间，也使一些企业和个人享受到更好的服务。共享经济模式的意义从中得到了深刻的诠释，每个个体都能从中获益。C2C（个人与个人之间的电子商务）正在以新的形态与移动互联网经济迅速融合。

一个人的力量有多大？在移动互联和社交网络的时代，每个人都有可能影响周围的世界。各类平台的崛起，让每个人都拥有巨大的互联能力。每个人都是互联网的入口，每个人都有成为网红的可能。面对新的环境，个人如何重新发现自己的价值，重新经营自己，在互联网时代更好地生存与发展，成为每个人都要思考的命题和面临的挑战。

（3）个人即企业：生产力决定生产关系

随着互联网、移动互联网等信息技术的发展，大量的工具给个体赋能。

人人都是自媒体，可以把自己创作的内容通过自媒体平台变现；人人都是群主，可以通过社交媒体发起和组织各种线上线下活动；人人都是明星，可以通过直播平台展示自己。人人都是商户，通过淘宝、咸鱼、海淘等购物平台进行商品的交易；人人都是司机与快递员，通过滴滴、Uber送乘客，达达送外卖；人人都是设计师，通过猪八戒等威客网站，将自己的设计和创意变现……这样导致的结果是个体越来越强大，出现越来越多的“超级个体”。

随着社会的信息化程度越来越高，社会分工越来越细，社会征信数据越来越完整，全社会协同成本也普遍下降，“公司”这种组织方式的内部效率低于外部市场的组织效率。当“公司”变成“低效率”代名词，以“企业”为组织形态的规模会走向小微化，“多人的大企业”最终也将会裂变为“很多的个人企业”，甚至，个体会进一步碎片化——每个人参与到以任务中心、以流程来驱动的各个不同的“临时性组织”中。他们可能会担任不同的角色——好比在不同剧组里同时出演不同角色的演员。

新的“超级个体”诞生，结合传统公司组织形态消解，个人逐渐替代公司，成为越来越重要的经济主体。组织的本质是实现人的价值推动群体价值提升，未来的生产关系和组织形态的设计要围绕人的价值“最大化”来展开。组织发展的趋势则是扁平化、自组织、无边界、去中心化，对人的管理从控制变成赋能。在组织文化层面，从以前大部分公司都是“老板为尊”到知识经济社群里面用户与人才为尊。在组织治理层面，个体也从为某个企业打工变成平台的合作伙伴或者股东。

（4）个人新价值：新能力产生新职业

随着人工智能的发展，体力劳动被替代，部分重复、机械和简单的脑力劳动也会被替代。未来，个体的价值主要体现在两个方面的能力：

一是创造力。创造力是产生新思想、发现和创造新事物的能力，由个体知识、智力、能力及优良的个性品质等复杂因素综合优化构成。它关乎人性（艺术、美学、宗教等），需要人的情绪与情感，还需要人类的好奇心。

跟人工智能相比，在未来较长的时间内，创造力依然是人类特有的综合性本领，而且在未来的生存和竞争中越来越重要。一个人是否具有创造力，是新时代人才最重要的考量维度。

二是连接力。连接力是指个人作为一个超级个体，与外界连接的能力，这里包括连接的范围、深度和维度。你是否可以或者善于跟不同的平台、不同的组织、不同的项目协同。未来，连接力是个人的生存情况和竞争力的另一个评估指标。

现在流行的所谓斜杠青年，就是善于利用自己的核心创造力进行多维度连接的人。传统的职场概念消失，未来那些能力变现和交换的平台会变成新的职场。

未来的个体首先要找到自己创造力的源泉Know-How（技术诀窍），并进行持续地积累和扩张，把自己当作一个IP或者互联网产品来打造，然后寻找好连接路径，尝试变现，因为变现是定价行为，检验个体是否真正具有价值。

（5）咨询顾问成为共享经济的探索

好的咨询师是有口碑、有情怀的手艺人。

咨询服务平台是用互联网的方式，实现咨询服务的在线化和电子商务化。这种平台模式在实物领域已经取得了众所周知的成功。但是与实物相比，咨询服务有以下几个方面的不同。

一是从标准化的程度来看，实物市场已经较为成熟，形成各个领域的知名品牌和各种标准体系与认证。在平台上，用户可以根据品牌以及他人的口碑比较容易地识别优劣。咨询产品与服务，以无形的知识和经验为载体，难以标准化。即使是目前市场上认可度比较高的知名咨询公司，也会因为具体负责项目的个人不同而输出不同质量的服务。

二是从用户决策的流程来看，实物多属于B2C或C2C，终端是C，决策流程较为简单。咨询是2B，决策流程比2C的流程复杂得多。从实际的市场经验来看，客户选择咨询公司，多是通过自己熟悉的渠道进行打听，通过朋友推荐等，从网上选择陌生的公司与顾问则比较少。

将咨询服务电子商务化，这是很多咨询界人士在积极尝试的新模式，在国外也有成功的案例可循。在中国，管理咨询的在线化将是一个非常漫长的过程，因为中国市场经济的多层次性、所有制的多样性导致中国市场的经济主体比较复杂，所以，国外成功的模式在中国市场未必可以被复制。

咨询平台的模式也并非不可以做。事实上，实物的在线化也经历了一个相对较长的过程，有几个发展阶段。最早是最容易标准化的产品，比如图书、3C产品等，逐步发展到标准化程度低一些的产品，咨询平台可以借鉴这个过程。

咨询产品的行业不同、模块不同，标准化程度也有着相当大的差别。如人力资源的某些模块，能力素质测评就是相对标准化的产品，可以通过系统实现快速检测和在线化。有些产品，比如营销的创意等，就是非常个性化的服务。因此，作为平台，可以遵循实物产品由标准化程度高到标准化程度低的发展过程，先推出一些相对标准化的产品与服务。在服务过程中探索经验，培育消费习惯，逐步再推出非标准化的产品和服务。

咨询服务的核心是人的知识与经验，这种知识与经验在很大程度上是隐性的，其价值也因人而异，不仅与咨询顾问本人的能力、水平相关，同时也取决于客户的执行情况。因此，咨询顾问在线化，如何定价是个问题。笔者认为实现顾问的定价同样需要一套“淘宝”模式的评价系统。只有这套评价系统建立起来，客户才可以根据评价与口碑去选择咨询顾问。因此，评价系统是咨询平台取得成功的核心要素之一。

此外，若想让客户较为快速地了解一个咨询师，除了咨询师本人的介绍之外，平台需要增加相关的具有说服力的佐证，比如公开发表的文章、著作、案例总结、客户评价等。这些内容丰富之后，才会提高这个平台的可用性。

数据显示：现有平台的弊端就是没有一个统一的专业平台，所有的专家、自由职业者都分散在各个网络平台上。这既是机遇也是挑战。通过整合平台资源，促进市场透明化，面向知识服务的市场还有很大的上升空间。

四、案例：某传统企业的组织变革

笔者在为各企业服务的过程中，为推动企业的组织变革，以用户资产和用户满意度作为各个职能部门的重要考核目标，设计出了“业务小前端、保障大后台”的前后分工体系，并推行“内部公司”、经济责任中心、合伙人管委会的组织运作机制等，意在释放组织活力，提升组织效率，为其他企业的互联网转型提供组织基础参考。

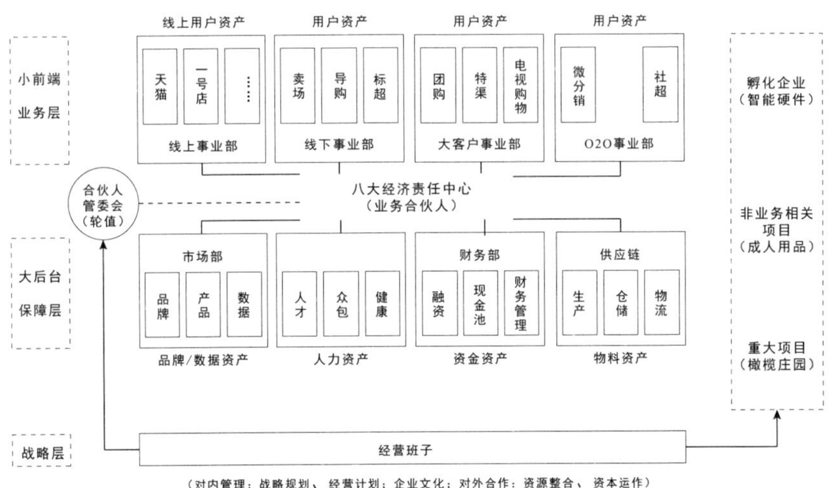

图3-5　某快消品企业的新组织架构

由图3-5可见，整个组织主要有三个层次和四个部分。第一层是业务层，所有的事业部负责人都是对用户需求和体验负责，用户根据不同的渠道进行细分，考核指标是用户资产。第二层是保障层，分别围绕市场、人力、财务和供应链为业务层赋能，考核指标分别是品牌资产、人力资产、金融资产和物料资产。第三层是战略层，主要是负责公司的走向和战略、企业文化和重要人事安排，考核指标不是业务指标，是发展指数。还有一个是最右边的创新层，它需要纵向传统的三层设计，对公司新的战略性、创新探索性的业务进行独立孵化。

New
Business
Times

第四章

新商业图景：C2M+O2O

商业范式指的是企业所共同接受的商业假设、理念、价值逻辑和实践模式的总和。不同于商业模式，后者更强调单个企业的业务模式。在新商业时代，企业所选择的商业模式可能大相径庭，但它们共同遵守的是不同于过去的一套商业价值逻辑体系。

回顾商业活动的历史，每次商业范式的重大变迁都会带来产业格局的重塑，使商业价值在不同产业内重新分配。在连接力的数据时代，重构后的商业范式会是什么？图4-1是笔者通过商业观察，描绘出的新商业图景。

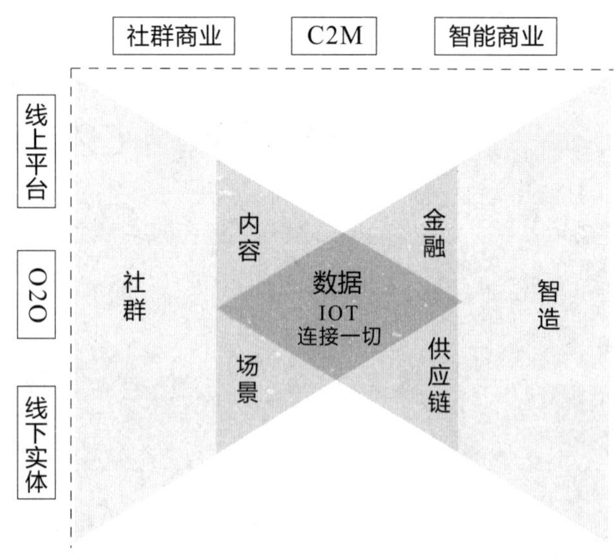

图4-1　数据时代新商业图景

一、重构的新商业图景

一边是应对需求端升级、转型、细分的社群商业，围绕特定的目标人群（社群）、生产内容、制造消费场景，核心价值在于个性化需求的满足和用户体验的提升。

一边是应对供给侧改革的智能商业，通过提高制造水平，加速物流和金融的流动效率，核心价值在于产业供给效率的提升。

中间的部分是数据贯穿所有环节，通过“连接一切”的力量，重构商业的聚合和运作，并对生活场景和传统产业进行改造升级，包括内容的生产和传播、场景的发起和闭环、金融的平权和普惠、供应链的一体化和社会化、生产制造的集约和智能等，来实现需求的升级、供给的改革，以及形成供需匹配的新市场。

新商业图景的公司是去中心化的C2M、线上线下一体化O2O的连接型公司。“2”是连接，连接人与人，连接人与信息，连接人与产品和服务。只是过去的连接主要通过网站或APP，在线上单线中心化出发去触达，当连接深入到类似供应链服务，线下因素重，环节复杂时，产业入口与产业节点应当化身到从业者心中、手上、行动过程里，无处不在。连接是交叉网格式的，也不再区分前端和后端、线上和线下。

1. C2M：需求与供给连接

C2M，即从客户/社群（Customer/Community）到生产者（Maker）的畅通连接，是对全社会各个价值链的重构。C2M模式是以用户需求为原动力驱动商业资源的模式，所有商业资源都“按需而动”。用户需求不仅仅是最终的消费需求，也包括厂商需求，但厂商需求最终也是由用户需求驱动的。

商业资源包括广告营销、加工制造能力、原材料、物流、仓储、劳动力、IT、数据、金融服务等诸多方面。产业会呈现各种C2M（顾客对工厂）形态。比如，服装行业消费需求的个性化、社群化特征驱动（大小可变的）柔性化生产；往上游进一步驱动面辅料商、劳动力、物流仓储设施按需配置；再往上游，倒逼轧花厂，甚至棉花种植、土地、职业教育等都要按需配置。

用户需求的持续个性化、细分化，使企业为满足用户需求而进一步优化产品，并基于用户对产品的要求和反馈提供更个性化的产品和服务，由此衍生出极致产品和服务。

现在大量的商业成本在于控制市场、渠道等，未来的商业会更扁平，直接满足用户的需求。比如C2M的设计师模式，只要1000个粉丝就可以养活一个设计师；比如旅游行业，定制化的旅游模式、导游模式，只要有C聚合，就有办法找到对应的M。设计与旅游行业背后的商业模式都会重构。尚品宅配让客户参与家具设计，小米通过预售模式下的供应链进行创新，都是C2M的应用案例。

红领集团成为行业内探索商业模式的先行者，它推出的大规模定制个性化的西服服务，就是客户的需求直接驱动了红领去发展C2M模式，红领的C2M平台是客户线上的私人定制平台入口。客户通过电脑、手机等智能终端在线自主选择产品的款式、工艺、原材料，生成订单后支付。客户下单后，工厂才进行生产与交付，没有资金和货品积压，实现了“按需生产、零库存”。

红领的C2M模式去掉了中间环节，最大限度地让利给客户。最重要的是，红领“十年磨一剑”，千万级服装版型数据的收集，数万种设计元素的积累，可以充分满足客户的制衣需求。智能化的人体数据采集方法，信息化的流水线生产模式，在覆盖客户个性化设计需求的同时，也大幅度降低了传统模式下定制化的成本，真正实现客户“一人一版，一衣一款”的个性需求。

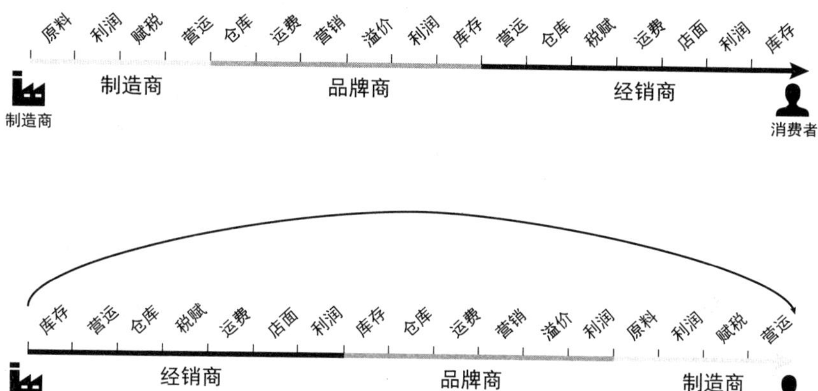

图4-2　商业流程的去中介化

当然，C2M绝不是要将商业的中间环节全部消灭掉，而是要消灭那些没有价值的中间环节（见图4-2）。只要中间环节有价值，那么C2M也可以是C2B2M（即从客户到企业到生产者）。

新商业时代打破了原有市场经济的不对称性，需求（社群用户的需求）和供给（产品和服务）打破了长久以来的对立和分裂，二者开始融合。互联网的加速推进，对商业领域带来两个变革：在需求端的用户被互联网“赋能”，用户第一次处于商业经济活动的中心，开始主导价值链上的各环节，商业权力发生转移；在供应端，信息的流动性和不对称性被打破，降低了交流和交易的成本，极大地促进了大规模的社会化分工与协作。长尾经济、创客、众包、维基、分享经济等兴起，它们共同的模式是通过在线协作的方式完成项目任务。未来，C2M通过移动互联网、高效的物流管理和设备、金融科技，尤其基于大数据和人工智能技术，在工业时代第一次彻底地将消费者个体和制造连接在一起。

从M端来说，要以工匠精神和数据重构供应链，来打造柔性生产[①]、工业化的Maker（智造）能力。我们所说的M，是Maker，是能通过人工智能、机器人和先进的供应链管理，实现柔性化、工业化的Maker。通过C2M模式，了解并处理大量C端的资料，进行更好地研发，建立柔性可变的流程和实现灵活的物料供给，最终完成对消费者个性需求的快速响应。

每个企业都要按照C2M的标准去改造和提升。这就要求企业能够在移动互联网的背景下，加强对资源的应用，加大对研发的投入，改善生产线的流程，让制造本身足够灵活，能够实现柔性生产；供应链也要更科学、高效，能够适应柔性化、工业化的Maker。

以复星的投资为例。复星如何能直接触达C端？一方面，复星投资像微医（国内领先的健康领域在线流量入口）、亲宝宝（国内母婴行业领先的在线流量入口）、复星钱包（以在线支付为切入点）等多个入口触达C端，并能回馈客户的资金流、数据流。另一方面，复星整合和改造供给端的Maker。比如复星投资的AHAVA（艾哈佛），是以色列国唯一获得官方许可开发死海资源的护肤品牌，质量和品控最强的乳品企业之一三元乳业，还有太阳马戏的演出、Studio 8的影视作品、蜂巢城市的新商业和新零售等。

现在，随着智能手机的普及，微信的广泛应用，连接最后一公里成为可能，用户可以真正做到“随需而用”了。他们所需要的产品和服务有机会变成7 × 24小时无缝连接。

---

① Flexible Manufacturing System（柔性制造系统）：能按装配作业配套需要，及时安排所需零件的加工，实现及时生产，从而减少毛坯和在制品的库存量，以及相应的流动资金占用量，缩短生产周期；提高设备的利用率，减少设备数量和厂房面积；减少直接劳动力，可实现昼夜24小时的连续“无人化生产”；提高产品的质量。

未来，基于提供个性化服务的重度垂直的C2M模式将有更大的商业机会，行业垂直、地域垂直以及人群垂直，才可以在各自领地里得到生存和发展。C2M将成为新商业的必然形态。

2. O2O：线上与线下闭环

从C端来说，企业要在线上、线下协同触达C端，并充分挖掘其中的价值。未来，企业触达C端将越来越碎片化，途径也将越来越多元化，而且线下触达C端的可能性和价值也在回升。如果企业只依赖一种渠道或者第三方渠道来触达客户，或者只能通过购买流量来生存，那么它们必将受制于人，一定是没有前途的。

O2O本质上是线上与线下结合，连接供需的一体化平台，是利用现代信息技术，将线上商业业态与线下实体业态进行高效融合而产生的运营系统，实现了对用户服务“更短、更快、更高效”的目标。不受时空、线上线下场景限制，用户可在平台上轻松发送服务请求，也可以自由接受服务，通过信息交互的方式，即时沟通和在线支付，去掉服务交易过程中的烦琐环节。

现阶段O2O项目多停留在初级阶段：资源协调不均、服务效率低下、服务保障缺失、有效服务覆盖范围狭小等问题屡见不鲜。各类生活服务尚未形成主动引导消费行为的经济模式，服务商没有规模作战，也很少考虑如何通过节约成本、合理配置资源来进一步提高用户体验。

O2O是基于用户全流程数据的精细化运营，关键还是数据构建连接，主要是用户和服务流程数据化，提高服务匹配效率，把控服务品质。首先解决的是信息不对称的问题，对服务人员和用户来说，信息都是透明的；其次是实现各个流程节点的数据采集，打造从用户浏览、搜索、询问、下单支付、评论反馈等每个环节都可以在线上完成的交易闭环，大大提高交易效率，降低交易成本，并形成数据记录和沉淀。比如，北上广深等一线城市交通严重拥堵，影响了上门服务的准时性。为缩短路上的时间并提高按时到达率，就可根据地理位置的精确匹配，通过算法为用户近距离匹配资源。

当下O2O成为过时的“投资热点”，事实上，这个市场才刚刚兴起，具有很大的探索空间。未来一定是线上和线下相融合，通过全流程体验的管理，多元化的场景互换，来触达C端，并充分挖掘其中的价值。目前国内服务产业的经营模式及服务手段都略显粗放和单一。通过服务流程的数据化和反馈机制，实现质量监控体系来保障服务质量，这是O2O发展的必由之路。O2O也是新商业的必然形态。

当各个企业都做到了C2M+O2O，也就实现了资金流、信息流和物流的三流合一，从而形成服务用户的闭环。三流合一并不一定要在一个企业里发生，更重要的是在一个生态系统里完成，并形成一个个为用户服务的闭环。

比如，复星构建了从健康保险到医疗服务到健康管理，再到药品零售和医药、医疗器械研发的大健康产业闭环。同时，继续加大在大健康领域的创新和研发投入，包括药品的研发和医疗器械的创新都会加快，从技术上支持复星大健康产业闭环的打造。

复星还打造一个专注母婴需求的闭环。通过投资亲宝宝这样的行业领先的流量入口，同时在全球搜寻最好的母婴产品，以及整合和睦家等特色的妇产科医疗服务。

复星还要形成旅游产业的闭环。地中海俱乐部也开始通过其品牌影响力，利用Mini Club（小小俱乐部）等服务将产品高频化，以适应国内用户的需求，然后可以直接触达用户，同时，充分利用托迈酷克（Thomas Cook）在欧洲的优势分销体系，让海外用户直接与复星连接起来。

未来，在各个产业中都会形成一个个闭环，这是对客户一站式服务、对外开放与合作的闭环，这就是新商业的终极形态。

二、社群商业：以“人”为中心的消费端升级

1. 未来的商业基于人而非基于产品

新商业时代完全打破了传统市场经济下渠道、媒体和产品之间的三角关系。过去的商品流通环节一直存在着信息不对称的问题，造成商业的竞争都是差价的竞争。但随着移动互联网的渗透，企业的重心慢慢由渠道和媒体转移到产品与服务上，以“物”为核心的品牌效应也逐渐被以“人”为核心的社群效应取代。

物以类聚，人以群分。相同需求的人会形成拥有共同特征的庞大群体。“我要一个怎样的东西，满足我的哪些需求，它应该具备哪些条件？”这样的诉求迫使新商业经济向个性化、定制化方向发展。人的需求多样化导致整个移动互联网经济产业链的多维度发展，用户需求元素的叠加和极致体验的产品与服务也层出不穷。用户群体的自由选择和个性化的需求，导致人群不断细化分流，基于共同特征的社群就会出现。供给方为一部分共同特征的人群提供极致产品和极致服务，吸纳一部分人，也排斥一部分人，这是社群“人以群分”的典型特征。

社群商业是以人群为核心构建的多维商业形态。社群的背后不

单只是粉丝和兴趣，还承载了非常复杂的商业生态。现在我们关注的社群生态是基于商业和产品的，以互联网为载体，进行跨时间和跨地域的扩散。商业社群生态的根本价值是满足社群中的消费者不同层次的价值需求。

罗辑思维就是一个鲜活的社群商业样本，围绕一个群体，提供多元化的产品和服务。罗辑思维通过内容和社群的运营，形成一个很大的用户池子。根据用户的需求，可以做出版、卖月饼、搞培训等，做符合社群诉求的事情。罗辑思维创始人罗振宇提出，未来我们有可能会形成一个类交易所的机制，它应该可以帮创业者融到一切东西，包括钱、品牌、初始用户、传播渠道等。这就是说，任何人的商业禀赋都可以通过类交易所机制被完整地释放出来。

社群商业是一个具有增量思维的商业系统。

2. 社群商业三要素

产品、工具、媒体都是内容属性，社群是关系属性，场景是交易属性。内容是入口，用户因为好的产品、工具、媒体而聚合，然后通过社群来沉淀。因为用户参与式的互动，共同的价值观和兴趣形成社群而留存，最后有了深度链接的用户，用交易场景来满足他们的需求（产品和服务），水到渠成。在社群的基础上，通过内容和场景，实现了从单维到多维的商业模式跨越，社群、内容和场景成为社群商业的三大要素。如图4-3所示。

内容如同一道锐利的刀锋，切开一条入口，满足了用户的基础需求，但它无法有效沉淀粉丝用户，社群就成为沉淀用户的载体，而场景下的商业化变现则是衍生赢利点的有效方式。内容、社群、场景这三者看上去好像互不相干的三张皮，但它们内在融合的商业逻辑是一体的。

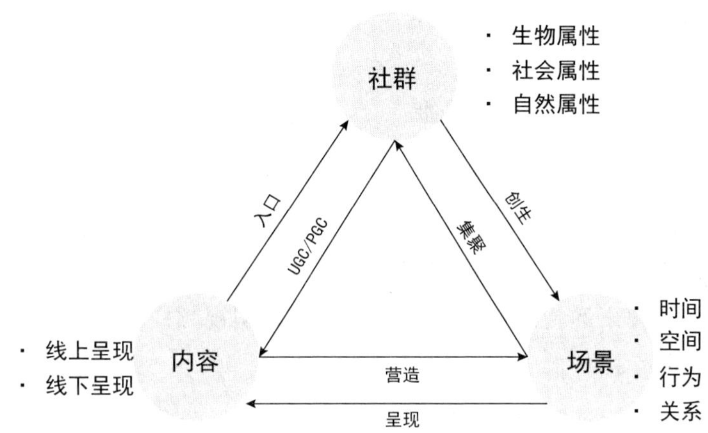

图4-3　社群商业三要素

表4-1　社群商业案例

模式	媒体	社区	场景
目的	关注度	黏度	变现
小米	高性价比产品 高调营销	小米社区	小米商城
微信	社交工具	朋友圈、微信群	嘀嘀打车 精选商品
大姨吗	女性经期管理工具	女性交流社区	女性健康电商
创业家	创业家i黑马	i黑马创业者社区	黑马训练营 投融资服务
逻辑思维	微信公众账号自媒体	会员体系	组团霸王餐 做月饼
YOHO	《YOHO！潮流志》 《YOHO！女生系》	会员体系	C2B电商网站
海尔	各产品线	海尔社区梦享+	海尔商城日日顺
和君	和君商学院 和君视野 和君微信平台	三度社区和君荟	咨询 资本 电商
你的企业	?	?	?

表4-1列举一些社群商业的代表。比如小米通过米粉的运作，

以手机为切入点，MIUI为软性终端，渗透到各种智能硬件、智能家居、家装、生活周边等。

3. 代表案例1：罗辑思维

知名传媒人罗振宇、NTA传播创始人申音、资深互联网人吴声三人合作，联手打造了知识型视频脱口秀《罗辑思维》，以罗辑思维这个品牌来运营。一年内它由一款互联网视频栏目，逐渐成为中国互联网知识社群第一品牌。活动、出书、会员“罗利”、社群征婚、霸王餐、头采茶、C2B订制等风风火火，一系列创新玩法让行业内外惊叹。

2016年首次试水付费会员制，6个小时内，罗辑思维便从粉丝的口袋里“捞”出了160万元。在第二次社群招募中，罗辑思维募集800万元也仅仅用了一天时间。

罗辑思维的创办者们站在一个时代分水岭上：从自媒体升级成为新的商业形态，讲一个远远超越自媒体的大故事，是因为它产生的“连接”价值更大。互联网对人的价值，是自由人和自由人的连接。作为连接的枢纽，接口的可能性越多就越有价值。罗辑思维每期视频（媒体）的点击量超过百万，微信粉丝达到几百万。仅以100多万微信活跃分子的社交链吧，去掉重复好友后保守估算，按每个人通讯录有100个好友（顿巴数是150），则罗辑思维能覆盖1亿人，而且大部分是非常活跃的、年轻的、代表未来的铁杆粉丝！在罗振宇眼中，这个社群是：“他们只要喜欢我，这就是最大的特征。”但随着“队伍”的壮大，如何经营自己，培养和管理他的“铁杆粉丝”，如何进一步挖掘社群的商业价值，是罗振宇不得不思考的问题。

4. 代表案例2：一本杂志的“变形记”

2014年，YOHO!新力传媒获得软银赛富的3000万美元C轮投资。虽然顶着传媒的名头，但YOHO！真正有诱惑力的是其旗下电商平台YOHO！有货，这是一家采用“买手”模式、聚焦在潮牌服饰销售的垂直网站。

YOHO！电商平台的成长，奠基石就是一本杂志。2006年，《YOHO！潮流志》盈亏基本平衡，创始人梁超没有急于扩充杂志业务以增加广告营收，而是开始着手建设网站社区。社区在2007年上线成型后，YOHO！的用户反映，杂志和网站介绍的很多品牌的产品都买不到，在二三线城市尤其难觅。很快YOHO！团队就思考：为什么自己不能经营一个网上电商平台，将国内外的原创设计师品牌产品售卖给消费者呢？因此搭建了自己的电商平台——YOHO！有货。

类似的还有创业家——从媒体平台转型为创业服务的平台，形成“一本杂志+黑马营+黑马大赛+i黑马网站”四位一体的完整循环体系。其赢利模式再清晰不过：通过杂志和网站等媒体（网站目前实行免费，未来会朝会员收费的方向发展），聚合创业者和相关群体，建立“黑马营”社群组织；通过举办黑马大赛收取门票，黑马营的学员出一定的学费；举办黑马大赛，为投资人与创业企业牵线搭桥，向投资人收取中介费等方式进行商业转化营收。

传统媒体的商业模式是内容、广告、营收模式。新社群商业模式定义为内容、用户（社群）、关系、营收，就是用内容将兴趣相投的人圈在一起，然后经常“制造”群体活动，进行商业转化，从而产生营收。

再举个例子来说明。以前房地产开发商卖房子就单纯是卖房子，但是现在房地产行业竞争压力大，开发商在卖房子之外，还在附近建学校，方便你家孩子上学；吸引各类商铺入驻，满足你购物与休闲娱乐的诉求……通过这些来增加你买房和住房的附加值。慢慢地就形成了一种生态系统，形成了一个生活和商业业态的闭环。如图4-4所示。

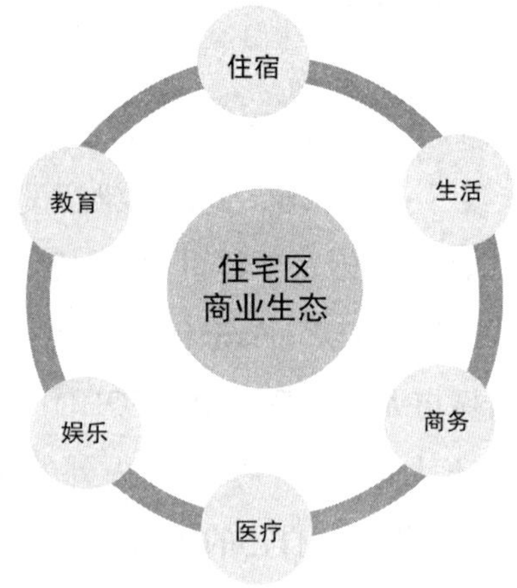

图4-4 住宅社区商业生态

这样的生态模式逐渐发展完善，为消费者提供多维度的服务，就形成一个完善的商业体系。正是在这种商业逻辑下，很多地产商如万科、花样年等纷纷进入智慧社区、智慧物业等，建立以满足住宅区居民需求为核心的商业生态，从而颠覆传统的物业管理模式。

三、智能商业：以“物”为中心的供给侧改革

伴随着互联网技术，特别是物联网、数据科学和计算能力的持续高速发展，基于数据闭环的智能商业将大大超越工业时代的流水线，为生产力带来又一次根本性的突破。智能商业也将成为数据时

代的全新商业范式，开启了我们对于智能商业时代的无限想象。智能商业时代的商业逻辑又有哪些特点呢?

1. 供给侧改革的未来是新计划经济

从经济学角度来说，短期看需求，长期看供给，最好的市场经济体能够达到供需平衡，也就是说买家（需求侧）能以合适的价格买到想要的东西，卖家（供给侧）能够以赢利的价格卖出产品，供需两端的产品在数量、结构和层次上总体匹配。而所谓供给侧改革，就是从供给、生产端着手，通过解放生产力，淘汰落后产能，清理僵尸企业，将发展方向锁定在新兴领域、创新领域，创造新的经济增长点。

我国的供需状况严重不平衡：一方面商品过剩，低端产品重复生产，很难获得消费者的青睐；另一方面，质量过硬的产品少，具有世界影响力的品牌产品更是少之又少，消费者的需求无法满足，导致消费者只好走出国门去购物。表面上的产能过剩，实质上是长期以来不注重“供给侧”，一味地利用投资、出口、消费这三驾马车的缘故。

供给侧改革的未来是新计划经济时代，它不再是传统的生产模式——生产者负责生产，消费者决定买不买。以互联网、工业4.0、大数据为代表的生产技术的革新，代表一个消费关系重构时代的到来；代表着消费者需要什么，生产者就生产什么，以信息的收集、消费偏向的数据分析为基础的新计划经济时代（见图4-5）的到来。

传统的厂商运作模式一般是这样的：工厂在流水线上大规模生产出产品，然后把产品分发给全国乃至世界各地的经销商，经销商再把产品卖给终端消费者。工厂该生产多少，一方面靠经销商的订单，一方面靠对市场趋势的评估。至于产品卖给了谁，很多企业并不知悉。

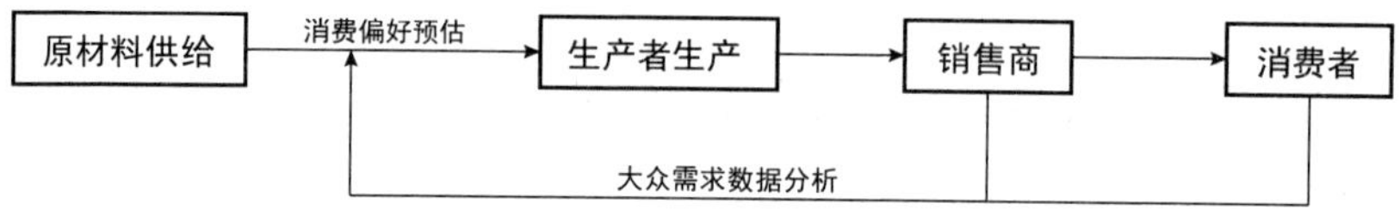

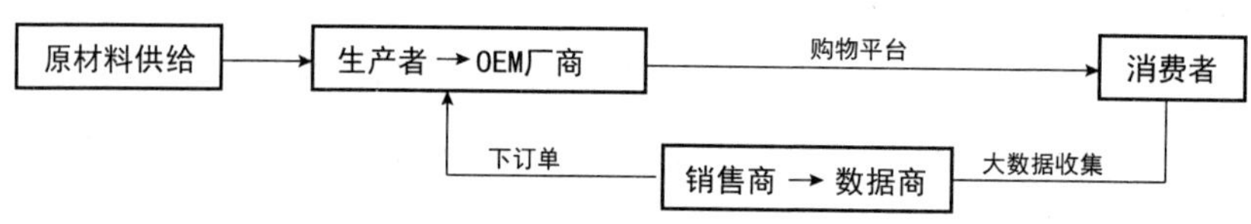

图4–5　传统厂商和新计划经济的生产模式对比

在新计划经济时代，重构供需关系，每一个消费者都是时代的主人，是产品的消费者，同时也是产品生产的订单数据提供者。结合互联网+、大数据、工业4.0等，企业可以清晰地掌握产品分布在什么样的人群里，某个地方实时的销售状况，甚至能清楚了解用户的喜好。这些都将反过来影响企业的生产、销售甚至产品规划等，企业可以利用大数据进行精准生产，点对点地销售。传统的消费理论和经验面临挑战，制造也不再是简单的制造，而是基于数据以需求和定制为主的智能制造。

供给侧结构性改革的核心要素是增强供给侧对需求变化的适应性，提高供给体系的适宜性和有效性，逐步消灭盲目生产，加大有效供给和中高端供给，满足消费者差异化的个性需求。所有的生产都会按照消费需求进行，每一件产品都可以从生产端直接对应到消费端。

未来商业最大的竞争是谁拥有消费偏好数据，谁能最先提供与消费者直接对接的产品。智能商业中不会再有库存概念，行业进一步细分，供给与需求达到基本平衡，形成新的供需关系。

2. 智能商业的三要素

德国政府在2011年汉诺威工业博览会上提出工业4.0的概念，是指现代工业的自动化、智能化、网络化、定制化和节能化。它的终极目标是通过互联网将不同的生产线连接在一起，运用庞大的计算机系统随时进行数据交换，按照客户的产品订单要求，设定供应商和生产工序，最终生产出个性化产品的工业化定制模式。这也被称为继蒸汽机、电气化、自动化之后人类的第四次科技革命。

智能商业，简言之就是将人、数据和机器连接起来，结合软件和大数据分析，重组工业结构，从而激发生产力，为制造商和客户带来前所未有的解决方案。智能商业将大大提高传统行业的劳动效率，将为诸多领域带来巨大的变革和机遇，市场空间不可限量。

一个完整的智能商业的闭环由三个部分组成（见图4-6）：生产环节的制造流，像流水线一样低成本地制造出定制产品；流通环节的物质的流动是物流（供应链），保障智能制造的流程顺利推进，并把定制产品便捷地送到客户手中；交易环节的财富的流动是金融（资金链、信用），实现随时随地交易。

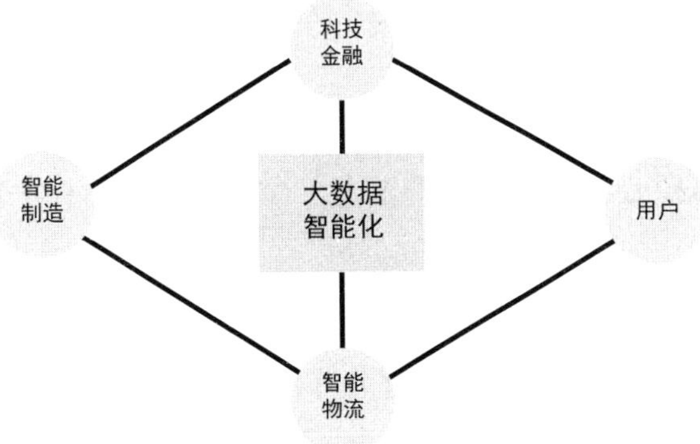

图4-6　智能商业的未来生产模式

通过云计算、大数据、人工智能、机器人、智能工厂等创新科技的智能制造，同时配合智能物流和科技金融，企业才能应对个性化、定制化、多场景的消费，让智能商业逐步深入参与整个产业链，打造智能商业的完整闭环。

四、社群商业与智能商业的对立统一

无论是专注于个性化需求升级的社群商业，还是解决供给侧改革的智能商业，它们在价值核心、运营发展、赢利和竞争等不同细分维度上都呈现出不同的特征。通过分析它们是如何运作的，有利于我们更好地理解这两种业态。如表4-2所示。

表4-2 社群商业vs智能商业

维度	社群商业	智能商业	连接与重构
价值核心	需求端 体验导向 个性化、人性化	供给侧改革 效率导向 降成本、智能化	创造新市场 流动和共享
运营发展	轻、快 垂直、小而深	重、稳 一体、大而平	数据闭环
竞争模式	胜者通吃	协同效应	流动和开发共享
赢利模式	范围经济	规模经济	数据驱动运营

1. 价值核心：体验（用户至上）vs效率（唯快不破）

人类的发展史是一部不断追求更快、更多、更好的进步史。人类从直立行走开始，到生产出了汽车、火车、飞机等各种各样的代步工具，到今天的移动互联网，一直在追求速度，一直在追求移动得越来越快。相对应的，产业发展也一直有两条脉络：提高效率和降低成本。所有的商业行为，真正的价值创造主要有两个维度：体验和效率。

一是体验维度，就是好的体验会替代坏的体验，用户的需求会得到最大化的满足。

比如海底捞火锅在口味上并没有独特优势，但它依靠服务员周到的服务和打造空间体验的场景，把服务和用户体验做到极致，所以口碑非常好，生意自然也好。

商业价值创造中有一个很重要的核心，就是企业能否在用户体验的背后打造出差异化。用户体验的背后实际上是人的贪婪、嫉妒、执着，还有人天生的趋利避害的特性。比如说，微信创始人张小龙提到懒惰导致发明，是创新的动力，懒惰就是人性的一个层面，所以微信会有语音交互，语音查找联系人，就是因为打字很不方便，而语音会更方便。

伟大、持续性成功的产品和商业模式都是满足人的情感需求的，都是从人的体验维度出发的，比如优秀的文学作品，泛娱乐的内容，消除孤独感、建立归属感的社群，满足物质和精神需要的商品与服务。从价值的核心上来讲，这些都是从用户的体验出发的。

二是效率维度。商业的竞争都是高效率替代低效率的竞争，很多产业之所以升级和变迁，都是因为有了更高效的方式和更高效的技术。我们判断一种商业模式有没有价值，会从技术的角度去看，看它到底有没有创新，或者通过现有的技术对传统的产业进行创新。这是商业模式价值创造的另一个核心。

无论技术有多先进，模式有多特别，怎么和我们的生活、传统产业相结合并提高效率，才是商业的王道。无论是生产制造领域的工业1.0到4.0，还是无人飞机的快递服务，以及便捷的移动支付，这些都大大提高了效率，这里面就有很多价值创造的机会和方向。

有些企业在体验和技术层面都做得很好，苹果公司就是最典型的代表。苹果公司的产品与服务都是技术和人文相结合的。技术实现功能，人文构造体验。乔布斯在iPhone手机第一次发布的时候就提到苹果的UI领先行业五年，所以它能够重新定义手机，重新定义移动终端，重新定义听音乐、浏览网页，重新定义很多事情。

社群商业核心的价值是用户体验层面，“有钱难买乐意”，只要用户满意就行，让用户的交互优化、简单；智能商业的核心价值是更聪明，如何提高供给效率，如何降低供给的成本，用最少的资源满足更多、更高的需求。

2. 运营发展：分布式vs一体化

分布式系统并不是什么新鲜词，在20世纪七八十年代就已经有各种分布式系统出现。只是在互联网时代，分布式系统才大放异彩，尤其是谷歌，更是把分布式系统运用到极致。谷歌整个的软件构架都是基于各种各样的分布式系统，比如著名的谷歌三驾马车：GFS、MapReduce、Bigtable。正是这些分布式系统，使得谷歌可以应对高并发用户的请求与响应，以及处理海量数据等。

分布式系统一是具备可扩展性，能够适应需求变化而扩展，特别是移动互联网2C应用。随着互联网企业的业务规模不断增大，业务变得越来越复杂，并发用户请求越来越多，要处理的数据也越来越多，因此分布式系统的应用越来越广泛。二是由独立的服务器通过网络松散耦合组成的。提升分布式系统的整体性能要通过横向扩展（增加更多的服务器）而不是纵向扩展（提升每个节点的服务器性能）。

社群商业需要快速响应前端个性化、垂直细分、实时、碎片化的需求，所以往往具备分布式（社群部落的菌落分布、内容IP的头部效应、场景的点状涌现）、多样性、松散连接的特征。比如社群的弱连接、内容联盟。今日头条通过做信息聚合，极大地提高了阅读的个性化和场景的丰富度。

一体化是指多个原来相互独立的节点，通过某种方式逐步在同一体系下彼此连接成整体，实质是将两个或两个以上的互不相同、互不协调的事项，采取适当的方式、方法或措施，有机地融合为一个整体，形成协同效力。一体化应用了政治、经济、法律、社会、文化、商业的各个方面。比如，区域一体化的代表有京津冀一体化、有以深圳为中心的深莞惠一体化。

企业发展的一体化能产生完整的价值传递过程，比如，伊利奶业已经向后进入到了奶源基地的建设，来把控牛奶的品控，并以最快的速度送到消费者的手中。美特斯·邦威等服装品牌向前进入到了专卖店的建设，从而第一时间把握消费者的需求和服装的潮流。

智能商业的一体化在于生产装置和基础设施、供应链和资金流的智能连接，因此，很多智能商业都需要一体化运营来提高交易效率、降低交易成本、塑造差异化的竞争力、建立竞争壁垒和防御的高效价值链。比如京东通过电商、物流、金融的一体化建立了很高的竞争壁垒。

原来小而散的分布式业态，开始向一体化集群业态发展，特别是供给侧改革的生产制造业态，原来都是散户运营的状态，比如出现在浙江、广东的产业集群小镇。后来这些产业集群中逐渐出现了大的产业龙头，形成1+N的业态。然后再进一步集群化，由一套系统进行一体化运营。

一般情况下，社群商业大部分是分布式运营，往往是小组织的商业联盟；智能商业大部分是一体化运营，往往是大平台的商业矩阵。

3. 竞争模式：胜者通吃vs协同效应

胜者通吃博弈（Winner-take-allgame）[①]指在竞争中，回报主要或者完全集中于那些最优的竞争者。在一场赛事中，冠军得到绝大部分的收益，亚军得到的收入会少得多，其余的人则收入更少，收益不是依据绝对价值而是依据相对价值。由于这种高回报（名声、关注度、收益）在刺激参与者，每个人都渴望自己获得成功，因此越来越多的人参与到这场竞争中来。

在社群商业领域，无论是内容产业的超级IP、网红（草根明星），还是社群里的KOL（关键意见领袖），亦或是场景中的爆款（商品），都是胜者通吃竞争模式下的产物。某个领域最突出的个体或者单品会赢家通吃，占据大比例的流量和收益。 互联网时代的竞争尤甚，打破二八定律，进一步集中化，成为“1：99定律”。

协同效应（Synergy Effects）又称加乘性[②]，指一加一大于二的效应。例如在医药领域，是指两种或两种以上的物质经相互混合后，其效果大于每一种物质单独起到的效果的现象。在商业领域，包括通过管理实现内部组织的协同效应，以及用联盟来搭建外部合作伙伴的协作系统，比如我国的很多工业集群城镇，很多同行业企业在统一地方聚集，共享当地的辅助性生产、共同的基础设施与服务、劳动力供给与培训等。单个企业生产活动专业化，多个企业分工协

① 来源：MBA智库“胜者通吃博弈”。

② 维基百科。

作，组成地方生产系统，通过企业之间的分工与协作、交流与沟通也可以形成协同效应。企业并购或合并，能产生互补、双剑合璧的协同效应。比如小米通过手机和MIUI覆盖大量的用户，顺便做充电宝、手环、电视盒子等消费电子产品，会降低很多成本，并直接投资参股上游的相关企业，形成小米智能电子产品的生态圈。

在制造、物流和金融等智能商业领域，资源协作一体化才能发挥最大的社会效应，提高全社会资源的有效利用。内容的创造和小众的社群商业就比较难以产生协同效应，一千个优秀的作家协同创作，也很难媲美曹雪芹一个人，根本写不出像《红楼梦》这样的巨著来，这是社群商业的特点。

4. 赢利模式：范围经济vs规模经济

美国著名经济史学者钱德勒在《企业规模经济与范围经济：工业资本主义的原动力》中，把产业革命的动力归结于规模经济和范围经济。规模经济是指在一个给定的技术水平上（效率稳定），随着规模扩大产出增加，则平均成本（单位产出成本）逐步下降。规模经济是生产、营销和用户的规模会带来成本和体量上的优势，主要是有形资产。范围经济是指在同一核心专长（有知识产权的内容创造、人格魅力、创新场景）下，导致各项活动的多样化，这多项的活动共享一种核心专长，从而使各项活动费用降低和经济效益提高，范围经济是信息资产、知识资产、专利、技术、品牌、渠道、客户资源等带来的优势，主要是无形资产。

站在经济史发展的视角来看，第一次、第二次产业革命的主要驱动力来自于规模经济，而信息技术的广泛普及和深度应用带来了个性化定制、服务型制造、全生命周期管理，这些属于范围经济。第三次产业革命的驱动力在规模经济继续发挥作用的同时，范围经济开始发挥更大的作用。范围经济构成企业竞争新优势的重要来源。

社群商业是非常典型的范围经济。谁能成为头部的产品和服务，谁在未来的赢利能力就强。越多的人使用，边际成本反而越低。从这个角度来讲，泛文化娱乐的出版、电影电视剧、游戏等，满足了个性化和个人化社群活动，也有场景中的爆品和流量节点，它们都具备范围经济的特质。我们也就能够理解为什么互联网产品可以免费，是因为互联网产品的成本特征是不一样的，所有的成本都集中在前期的开发，后期的大规模下载、复制和使用的成本几乎为零（主要是服务器的成本，部分平台需要大量的运维除外）。

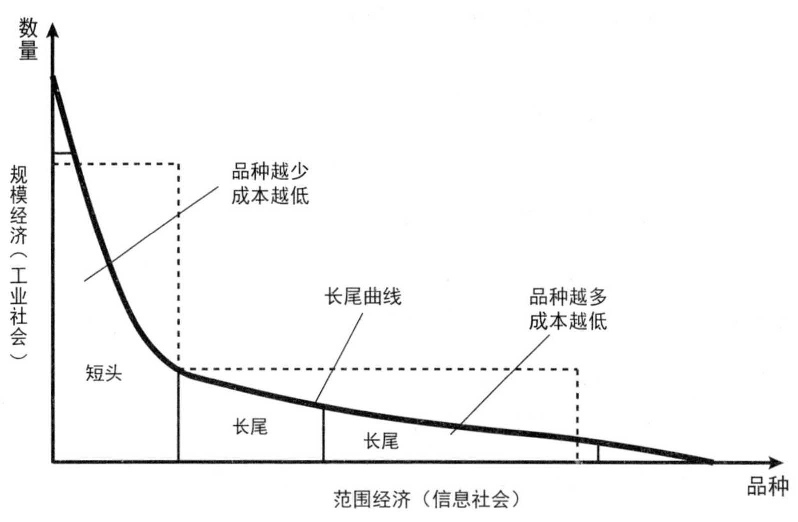

图4-7　规模经济vs范围经济

图4-7反映的是一个边际效应的概念，就是每增加一件产品，它的边际成本是怎样的状况。一种是每增加一件产品，它的成本则在增加；一种是每增加一件产品，它的成本基本上没有增加。企业不

同的赢利结构会导致两种完全不同的商业模式。比如说一个教师每讲一次课都要去交付他的时间成本，包括自身精力透支的成本，那么这就是说每讲一次课都会增加一次成本。但如果把课程录制下来变成一门网络课程，那么每增加一个用户去听这门课的成本是非常低的。

智能商业一般都是规模经济，和百年工业史背后隐藏的产业逻辑是同样的：标准化、规模化、流水线。就是企业通过规模来降低成本，规模越大越经济，品种越少越好（标准化和流水线的需要）。在智能时代，则是数据的集中，有规则的算法等。通过技术尽可能地满足长尾末端的个性化需求。

社群商业和智能商业是一体两面，二者的关系就好比阴阳的关系，它们在核心价值、运营、竞争和赢利模式等很多方面都有点对立的意思，但在C2M闭环、O2O融合和数据等维度上又是统一的。如果它们融合得好，就可以相互促进；处理得不好，就势同水火。有差异才有融合的价值，有统一才有融合的根基。实有实的好处，虚有虚的妙义。只有求同存异，打造闭环，虚实融合，才能最终实现新商业图景。

五、新属性：新商业的七种产业属性

1. 七种产业属性

在传统经济学理论中，产业主要指经济社会的物质生产部门，每个部门都专门生产和制造某种独立的产品。传统的定义已经不适合描述新商业时代的产业，特别是生态型的新兴企业，比如阿里巴巴、腾讯、顺丰等，它们属于什么产业？很难说清，因为它们渗透到传统定义下的很多产业的很多方面。

新商业时代需要有新的产业定义和描述方式。为此，笔者提出了产业属性的概念。产业属性是指未来不管属于什么产业，企业都具备一些共同的产业性质和特点。未来所有的新商业都由表4-3的七种产业属性构成。

表4-3　新商业的七种产业属性

产业属性	
数据+	数据+的本质：连接比特，一切环节数据化。提高产业、企业和个人的信息化属性，形成数据闭环，推动数据的共享和流动，进一步提高数据化的能力：更低成本、更有效率、更大时空范围地配置所有资源。基于大数据分析的结果，进行资源优化配置，才是大数据应用的落地点和真正价值。数据成为新的生产力和引擎。
社群+	社群+的本质：连接人，一切关系社会化。提高产业、企业和个人的社交化属性，形成社会化圈层，推动人的共享和流动，进一步提高社会化的能力：更低成本、更有效率、更大时空范围地配置所有人的资源。
内容+	内容+的本质：连接知识，一切内容IP化。提高产业、企业和个人的媒体化属性，推动认知的共享和流动，进一步提高IP化的能力：更低成本、更有效率、更大时空范围地配置所有IP资源。
场景+	场景+的本质：连接交易，一切交易场景化。提高产业、企业和个人的场景属性，形成交易场景，推动交易的便捷和效率，进一步提高场景触点的管理能力：更低成本、更有效率、更大时空范围地配置所有交易行为。
金融+	金融+的本质：连接信用，一切权属可追溯。提高资源的金融属性和流动性，进一步提高管理资本化的能力：更低成本、更有效率、更大时空范围地配置金融资源。
物流+	物流+的本质：连接运力，一切运力一体化。提高资源的物理空间的流动效率，进一步提高管理供应链运力的能力：更低成本、更有效率、更大时空范围地配置运力资源。
智造+	制造+的本质：连接产能，一切机器智能化。提高生产要素的创造和组合效率，进一步提高管理机器智能制造的能力：更低成本、更有效率、更大时空范围地配置物质资源。

大部分的公司都只有一种产业属性。在这个产业属性上，围绕

产品和服务建立闭环，然后打造闭环的核心能力，增加其他的产业属性，比如社群+、金融+、数据+等，这个“+”是什么概念？从一个点、一个产品或一个服务业态出发，融通更多的产业属性，充分利用各种资源，最终形成闭环和新商业图景。

比如，数据+就是从大数据的入口、传输和应用着手，创造新商业，形成闭环。所有的闭环都要建立在互联网上，但又不能仅仅局限在互联网上，也要与各个产业深度融合。比如，对复星来说，金融+通过金融服务来创造更高频触达C端的机会，像以保险为起点、以钱包为起点，跟其他产业打通、连接，形成闭环。

极少企业能够成为具有新商业图景全景式的生态型企业。图4-8、表4-4以BAT为例简单阐述一下不同公司的产业属性。

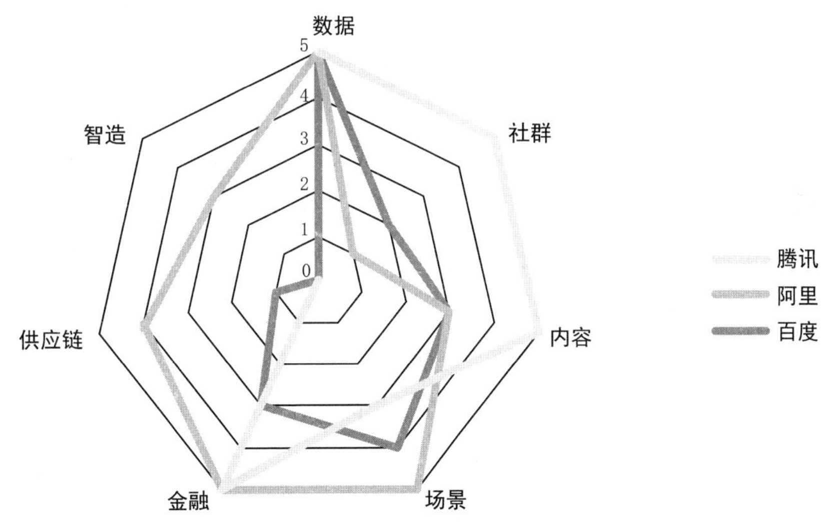

图4-8　百度、阿里巴巴、腾讯的产业属性

百度是从搜索起家，以内容属性为核心，后来的百科、百家等都是具备内容属性的产品。百度以搜索为入口，掌握了用户连接信息的大数据，其后的指数、AI、无人驾驶等都是数据属性的业务。

贴吧是社群属性产品，百度外卖是场景属性业务，百度钱包是金融属性的产品，百度无人企业是智造属性的产品。在供应链方面，百度的布局则很少。

阿里巴巴是从2B、 2C交易起家，以场景属性为核心，后来推出支付宝，进一步通过支付延展到蚂蚁金服、芝麻信用，都是围绕交易场景做金融服务，再到菜鸟，则具备了物流属性。后来收购万网，延伸到阿里云，提供大数据服务，数据属性凸显。入住微博提高自己的社交+内容属性，还大量参股媒体。推出淘工厂进入智能制造领域等。阿里巴巴除了社交属性和内容属性较弱外，其他都比较完整。

腾讯是从IM（即时通讯）起家，以社群属性为核心，围绕高频的社交产品，最赚钱的游戏业务本质上也是内容+社群属性，每个游戏都是大规模的人群通过游戏规则参与到虚拟社群的协作。虚拟增值服务的本质是社群+金融属性，通过发行社群认可的虚拟产品和货币来挣钱。后来又通过微信支付进入到金融，但微信的电商场景属性做得一般，所以通过投资的方式进入京东、新美大进行补充。在物流和智造方面，腾讯涉猎得比较少，主要是围绕自己的社群商业的社群、内容和金融发力。

整体来说，BAT会围绕自己的核心属性进行延展，要么自我发育，要么通过投资、并购或者战略合作的方式补齐能力薄弱的地方。

新商业图景的这些闭环将在生态系统里共同完成。这是一个彼此赋能、互相提升产品力、更好解决用户需求和提高产业效率的过程，彼此互为根基却又有千丝万缕的耦合与交织。很多企业会通过投资与合作，补齐与加强在自身生态中还没有或者还不够的功能和资源，寻找为自身生态系统增加产业属性的机会。自身的生态系统也一定要对每个成员不断赋能，支持它们形成一个个小的闭环，让大家跑得更快、做得更好。这就是生态系统的核心理念。

表4-4　BAT产业属性对应的产品和企业（部分示意）

BAT	阿里巴巴	腾讯	百度
数据	阿里云	腾讯云	百度云、云盘
社群	微博	微信、QQ、空间	贴吧
场景	淘宝、天猫	京东	百度外卖
内容	大量参股媒体	新闻、视频、游戏	百家、爱奇艺、搜索
金融	支付宝 阿里金融	微信支付	百度钱包
物流	菜鸟	——	——
智造	淘工厂	——	无人驾驶汽车

2. 产业赋能的四个方面

“+”的另外一个概念是赋能（Empowerment），顾名思义，赋能就是为谁或某个主体赋予某种能力和能量。

新商业的关键是要掌握新商业价值网络的某个关键节点——产业属性，并做到极致，做到可以给别人赋能的级别。只有获得这类核心能力，并可以向外输出，才可能做到效率提升、无限复制、产业重塑。

当下，很多传统产业深陷泥沼，动能日趋弱化；新的产业动能正在孕育，谁能抓住新旧动能连接的关键，谁就能成功转型升级，占领未来产业发展的制高点。那么，传统产业应该怎么转，转到哪里去，如何与新的产业发生连接？新商业的产业属性代表了新的动能，跟组织插件一样，可以嫁接到企业，为企业升级转型赋能。赋能可以帮助企业改善低效、提升薄弱的环节。

任何一个企业的赢利模式和能力都是基于特定产业结构的，不同的产业、企业，其薄弱、低效的环节也不同。比如，获客成本高，供应链低效，人员管理成本高，生产要素缺乏……企业获取能力有两个路径：一个是连接具备这种能力的平台和企业，进行协同；一个是自己培养和构建这种能力。如果企业在改善某些问题的过程中做得比较突出，那么这种改善能力还可以为别人赋能，从而有机会成为某一维度的赋能平台，形成新的核心能力和竞争优势。

要成为产业赋能型的新商业公司，需要具备以下四个方面：

（1）具备新思维

服务于整个产业的产业赋能性公司的价值观是“水善利万物而不争”，要有平台、生态思维，主要是服务于产业的每个链条，服务好了就是赋能。

（2）产生新连接

产业赋能从本质上讲是对产业的生产关系的连接与重构。重组，是利用互联网等技术工具，从七个不同维度对产业链中的各个环节、产业体系中各主体的赋能。

（3）重构新规则

新连接必然产生新规则。产业赋能性公司是新规则引导型公司，要用新规则打破旧有生产关系的束缚，引导整个产业的健康发展。现在大多数产业都不缺生产要素，缺的是合理的规则，缺的是打破旧有规则的能量。

（4）输出新技术

产业赋能性公司将会是众多新技术应用发展的平台，也许会带来技术浪潮的加速发展。生产力和生产关系总是相互影响，螺旋式上升。产业赋能性公司源于技术进步，平台发展起来后，当下大热的VR、AR、人工智能、大数据、区块链等就有了最好的应用和输出平台。

六、案例：众筹庄园开启“生产即消费”全新时代

笔者曾参与孵化Z公司的一个C2M创新项目。Z公司的商业模式是希望通过众筹预售的方式打破地域的界限，知道用户是谁，他们的兴趣爱好是什么，他们的追求和被认可度在哪里。先拿到C端的用户需求，然后在全球整合安全、可靠、超高性价比的产品和个性化的定制服务来满足他们，并通过深度运营，培养他们成为公司的忠实用户，形成范围经济效益，带动相关产品的销售。

Z公司打造的第一个项目是西班牙塞坦庄园，该项目主打的概念是“壕，去欧洲当地主”。众筹参与者按照支持金额的不等，可获得产品、贵族身份证明、庄园永久产权、种树、终生访问庄园、在庄园宴客，甚至可申请欧盟永久资格等权利。最终这个项目42天众筹到410万元，获得近2万人的支持，远超预期100万元的众筹金额。

该项目最高级别的众筹参与者的支持金额为人民币2.9万元，参与者不仅可坐拥庄园内150平方米土地的永久产权，还可以选择让庄主帮忙出售土地上生产的橄榄油以获取收益。150平方米的土地大概每年能产出150升橄榄油，以目前市场价格69元/升计，除去关税等成本，预计每年收益在8%到15%，约828元—1552元。Z公司开发自己的App，App里除了为用户提供最基本的订单管理功能，还会加入一些游戏化的设定，比如开心农场式的玩法，还加入VR和实景飞机，让用户可在线游览庄园。线下体验环节，除了众筹收

入和产品销售，未来的庄园游览还会根据产品特性和用户需求进行一些内容的设计，例如旅行内容的开发与合作。每个项目都有一个“管家”，为参与这一项目的用户群体提供一站式服务。通过深度运营，线上的参与和体验与线下的活动相结合，形成O2O体验的闭环。

Z公司于2016年6月获得真格基金徐小平的天使投资，着重于打造产品的标准化流程，并将这一模式在不同领域里进行复制，形成产品的规模化发展。目前，Z公司推出的产品在同步运营，除了沙巴热带雨林，还有加拿大冰川、西班牙庄园、肉盘子和牛等。

以众筹的方式提供增值权益，让用户从消费端延伸到生产端再到收益端，增加了用户的参与感和归属感，进而获得一大批忠实用户。未来，这种模式或将开启“生产即消费C2M”的全新时代。

New Business Times

第五章

新引擎：数据连接和驱动未来世界

数即万物。

——毕达哥拉斯

2500年前，古希腊哲学家毕达哥拉斯提出“数即万物”的哲学观，认为数字是世界的本质，并支配着人类社会乃至整个自然界。随着基于互联网、移动互联网、物联网等大数据技术，广泛、深入地融合到金融、教育、医疗、农业、电信、交通等各个领域，我们进入“数即万物，万物皆数”的大数据时代。

大数据正在改变我们的生活，颠覆我们的传统思维方式。数据将成为最核心的生产要素，同时也成为产业、企业不可或缺的必备属性。数据将会成为整个商业系统运行的根本驱动力。

数据化后浪推前浪的潮涌，事实上成为人类文明前行的核心动力之一。借助各种技术，把我们已经延续了几千年的生活进行数据化改造：传统书信被改造成E-mail，报纸被改造成各大门户网站，新华书店被改造成当当、京东，沃尔玛被改造成亚马逊，专柜促销被改造成团购，人的零碎思想被改造成微博，日常生活被改造成微信、Facebook……本章重点描述的是数据如何连接比特，连接一切，成为新商业的基础设施和核心驱动力的。

一、新资源：数据成为新的生产要素

互联网成为基础设施，像水和电一样渗入我们的日常生活。相关产业和企业的行为越来越多地在线化（online），越来越多的数据会被记录、储存、应用，万物互联的时代到来了。在数据时代的背景下，我们看到文字被数据化，地理方位被数据化，身体健康状况被数据化，情绪感受被数据化……现在各路互联网企业都在积极布局大数据和云。从物质基础上分析，数据时代是人类社会进入信息化、网络化时代发展到一定阶段的产物（见表5-1），是科技推动社会发展的又一社会现象，其社会效益、经济效益将不断显现。

表5-1　不同时代的能源、信息媒介、生产力和基础设施

	农业时代	工业时代	数据智能时代
能源	植物有机能源	煤炭石油	可再生能源 分布式新能源
信息传递	石刻竹简手抄本	现代印刷术 电话无线电通讯等电信技术	互联网 万物互联
生产力	人力	蒸汽机—内燃机—自动化机械 电力	AI 智能机器人
基础设施	土地	交通	数据

借用以色列历史学者尤瓦尔·赫拉利的一句话来说明：“在过去，最为重要的资产是土地、工具和劳动力。政治即是努力控制土地、工具及劳动力的斗争。而在二十一世纪，最为重要的资产是数据，而政治争夺的焦点将成为对数据的控制权。恐怕很多人都没有意识到这一点，人们正用自己最为宝贵的资产——数据，来换取免费的邮件服务和可笑的宠物视频。”

1. 数据化的三个环节

阿里巴巴首席战略官曾鸣指出：数据化本质上是将一种现象转变为可量化形式的过程，其源于人类测量、记录和分析世界的渴望。一个完整的数据化的核心包括三个环节，如图5-1所示。

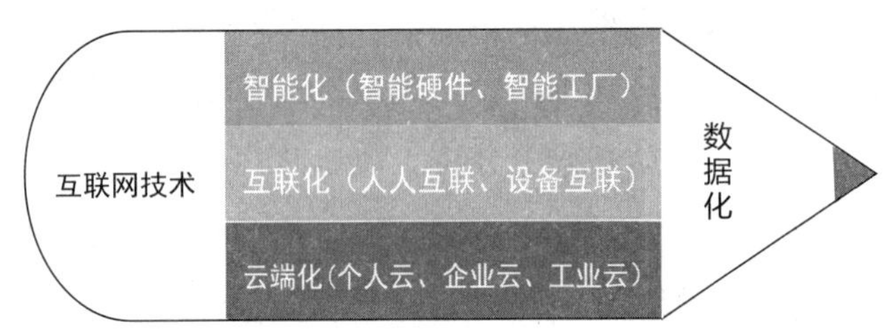

图5-1 连接力的核心是数据化

一是智能化。智能硬件、可穿戴设备等采集端口进行感知，获取数据，并能把数据反馈到终端进行显示和触发动作。

二是互联化。利用互联网传输的通道（通讯技术，比如5G、AR）能高效、保真地将数据进行双向传递。

三是云端化。在各种云端，通过算法对海量的数据进行存储运算。

从数据的角度看，整个互联网的发展变迁伴随着数据化进程（见表5-2），只是数据的入口、互联的传输方式、数据存储和运算的能力不断升级。

表5-2 数据化发展的三个阶段

发展阶段	PC时代	移动互联	万物互联
数据入口 感知层	Web、浏览器	APP、移动终端	智能硬件、感知器
数据传输 通讯层	有线通讯 光纤	无线通讯	NFC 近距离通讯

续表

发展阶段	PC时代	移动互联	万物互联
数据存储	本地服务器、盘和系统的快速反馈	个人云 即时交互	企业云 工业云 认知阶段
运算	快速反馈	即时交互	智能 认知阶段 分布式计算

2. 数据产业链格局的三个方面

第一，数据入口，采集感知。能够通过射频识别（RFID）等技术实现对物体的识别。目前大部分企业都是从数据的感知采集入手，因为门槛比较低。也出现了一些服务和孵化这些企业的平台型企业，比如机智云。受益于移动互联网快速发展所带来的创新机遇，国内数据企业在技术和应用层的布局相对完善。

第二，数据传输，通信控制。能够在感知的基础上对物体进行控制。传输通道除了近距离通讯或者局域网（比如从家庭WiFi切入）以外，远程通讯通道基本上是垄断行业。随着国家推进通信行业的市场化，这个领域也许会放开，成为市场的突破点，不过进入门槛比较高。

第三，数据存储，智能运算。物体能够自我识别，互相协作。真正做到智慧级别的物联网，最重要的就是算法。算法的本质就是规律，是人类对世界规则认知的体现，是人类认识世界的进一步方式。以数据量化的计算方式，发现事物发展变化的规律和趋势，进而通过有效干预，推动事物朝着人们预期的方向发展。现在真正有顶级算法的人才和公司，都非常稀缺，但根据技术的发展趋势、摩尔定律的作用，算法应用的范围会越来越普遍，成本也会趋零。在数据的存储和运算方面，目前有几个运营商和互联网大公司（阿里云、百度云、腾讯云、乐视云等）在做。因为数据存储和运算需要大量的基建投入，本身也不需要太多的公司来参与。

从数据的应用角度来看，在军事国防、工业（如监控和自动化生产）、社会公共事业(如行车道路监控、天气预报)、民用（如智能小区、智能家居）等领域都有着很好的应用场景，并且随着技术的发展，这些应用的成本越来越低，稳定性越来越好。

不同场景下人们对互联的需求大小不同，总体来说，目前B2B场景对互联的价值比B2C场景大。推动应用的主要是两个因素：一个是经济价值；一个是蝴蝶效应。经济价值大，互联动力强；经济价值小，连接一切物体的动力自然小。比如人们对家居互联的需求是为了进一步提高生活品质，显然没有工厂逐利驱动需求大。虽然消费类的家居、可穿戴设备受到了更多关注，原因一是源于媒体的过度报道，二是人们更关注与自己切身利益相关的事物。相比B2C个人体验的提升，B2B场景下带来的生产效率提升却是真金白银，比“生活品质的提高”这种感受来得更实际。

另外，就是蝴蝶效应，同一个场景下互联物理世界的各种物体，数量多，则蝴蝶效应明显，微小的决策能产生巨大影响。在家庭这种场景下，物体种类多，数量少，没有明显的蝴蝶效应。交通场景则很容易形成蝴蝶效应，它关心的是城市中成千上万的私家车、公交车等，假如每个人公交车换乘时间减少1分钟，对于城市的运输能力来说就是巨大的效率提升。

无数据，不商业。人类不断突破技术的极限，推动万物互联，数据逐渐成为商业体系的基础设施。

二、新价值：数据驱动新的商业价值

信息或者说数据的作用是什么？根据香农的定义，信息是减少事物不确定性的量度。数据的根本用途就是提供决策依据，减少不确定性。数据是生产力，让资源利用率更高，驱动资源更高效地分配，是实现商业价值的核心力量。

智能医疗能否让资源优先配置到大病、急病的患者身上？铁路12306让“买票”更简单，但能不能让“买到票”更简单？整合资源，优化资源匹配效率，有效提升服务与交易的质量和水平，降低服务与交易的成本，解决传统服务的现存问题，这应该是全行业共同的追求。从这个角度来看，数据化最核心的商业价值就是提高商业各个要素的流动性，增强连接力，从而促使整个商业态系统的体验优化和效率提升。

从广义的角度来看，所有系统的行为都是数据驱动。具体到个人，重点是客观的量化数据。数据是人类进化到现在对于描述和解读自然以及人类活动最有效的方式。古代尼罗河发大水，一年大一年小，古埃及人学会计数，把这种现象记下来，并想到解决办法，于是庄稼不再像以前那么遭殃。现代的数据分析师利用计算机与数据，对人类社会各种行为和现象加以分析，以便对事件的后果进行预测。具体到商业社会，一个企业的新品上市，肯定要做市场调查，收集市场信息，分析整理，结合公司内部实际情况，确定方向，并做出下一步的部署。

从狭义的角度来看，数据驱动的对立面是经验驱动，我们常说的“拍脑袋”就是经验驱动（从广义角度来看，经验也是模糊、不完整、持续积累的数据）。

从更具体的角度来看，数据化是通过数据实现智能的一种体现，数据采集和分析整理，基于一个数据模型和算法，自动形成闭环，自动调整，形成具体的应用。比如万科利用数据分析地产的价值洼地；网飞（Netflix）利用大数据，分析观众兴趣，从而投资《纸牌屋》；梅西百货利用大数据进行商品实时定价；宜信利用大数据进行征信系统建设等，各大券商也联合互联网巨头推出了大数据基金。

三、新基因：所有公司都是数据公司

未来，所有的公司都是数据公司，其中以BAT为代表。百度的数据是我们寻找信息的数据，它以此可以进入新闻（百家）、社区（贴吧）、文库（教育）、金融（百度钱包）、外卖［基于地图的LBS（地理位置服务）部门］等。阿里的数据是我们购买商品的消费数据，它以此可以进入零售、金融、云服务、菜鸟物流等。腾讯的数据是我们社交的通讯数据，围绕人的社交，可以进入新闻（门户和视频）、金融、购物（京东）、游戏、城市服务等。凡是在获取信息通路上处于入口地位的平台，都有垄断信息的可能，比如百度、阿里、腾讯、美团。所以这几家公司能够“携数据以令天下”。

要成为一个数据公司，需要具备以下条件：

首先，得有数据。百度就是靠大量的搜索、点击数据，成为中国最大的网络广告公司的。淘宝就是靠大量的消费者行为数据，才可以做各种金融产品的。事实上，企业各个经营环节的数据可以被记录、存储、分析，这是互联网企业和传统企业的本质区别之一。比如在电商平台上，用户点击、停留、消费行为、反馈等都可以被记录和应用，但采集线下用户的各种行为就比较难，比如消费者在什么货架停留多长时间、是否拿起货品等，至少这些环节的采集成本比较高。

其次，数据要形成闭环。数据驱动公司的产品特点是不需要太多工作人员的干预，用户顺畅使用该产品，整个交易过程自然而然地完成。通过数据实现的智能场景几乎是实时的，整个过程完成的时间非常短，是因为背后就是一个快速决策的数据反馈闭环。

再次，要有人才和文化。现在国内最缺的就是数据运营的人才。打个不恰当的比喻，有数据好比有食材，有工具好比有锅，但没有厨师，就做不出一桌好菜。亚马逊就雇佣了很多数学、工程方面的资深专家，他们开发软件、获取有效数据，并提供强大的分析工具。其中负责运营算法的某副总裁是普林斯顿大学的数学博士，一位来自俄罗斯的女数学家。

有人还不行，企业还要形成用数据说话的文化。据说在亚马逊的内部汇报中，汇报人的发言如果没有数据支撑，是会被轰下台的，连CEO也不例外。而国内很多企业的文化就是老板为尊（本质是经验驱动）的文化，老板的经验和感觉最重要。

四、案例：厨房黑科技，全球首款智能油瓶

笔者曾参与孵化一个智能家居项目。企业主要的产品是一款智能油瓶。这是一个典型的大数据应用的案例。这个产品基于用户真切的需求：一是每瓶食用油从出厂开始就在与“新鲜”赛跑；二是现在生活水平提高了，心血管等疾病的发生率高，家庭控油是个难题。我们都明白控油对健康的益处，可是计量麻烦、记录麻烦、标准模糊，难以坚持。在这些内外因素的重重阻挠下，即使我们买了质量再好的油，但不正确的使用方式依然会给身体“添堵”。

食用油的新鲜度难以用肉眼判断，控制用油量一是难以坚持，二是难以精确，因此我们与江南大学专项实验室共同研发“新鲜度算法”，此项目用硬件（油瓶）加软件（客户端）的方式，把新鲜度和用油量形象化地展示出来。

在数据闭环方面，通过APP管家时刻关注消费者的用油健康情况，智能油瓶开盖超过3分钟，瓶盖红灯闪烁及APP同步提醒。因为通过实验发现，一瓶油开启一段时间后，维生素E等有益成分大大降低，而有害成分如自由基等开始滋生。

用户的用油习惯、食用油的品质与新鲜度等数据会汇总至云端，经过后期大数据处理及分析，深度挖掘用户需求，为产品的迭代升级、拓展客户端提供增值服务，为个人提供针对性的定制化服务。比如，此项目还提出了“食用油新鲜度”的新理念。出厂日期、存储温度、空气接触频次及时长是影响油品的重要因素。在食品科学和工程专业方面领先全国的江南大学与此项目团队基于这几项因素共同研发出了新鲜度算法，帮助用户对油品进行新鲜度的判断；同时，也对用油量进行科学管控，通过可视化的方式提醒用户。

智能油瓶在硬件和软件上的全方位细节化设计，三位一体的智能解决方案，让用户在家庭厨房用油时轻松养成好习惯。作为全球首款智能油瓶，已获得国家实用新型专利。让人人养成科学用油的好习惯，为每个人定制健康服务。让大家生活过得更健康，更有品质。

企业通过不断寻找将新的商业场景数据化的方法，使数据维度日益丰富，数据质量日益提升，并把数据应用到具体的产品和服务上，形成强大的连接力。连接力的背后是数据驱动。数据成为时代的基础设施和新的生产力，要么让数据流通得更快，要么让决策做得更好。未来所有的公司都是数据公司。数据是连接力的引擎，不断推动新商业重构、发展和运行。

New Business Times

第六章

新运营：社群连接关系千万重

人是社会关系的总和。

——马克思

一、社群的本质是关系的重新连接

人是社会性动物，群居、群聚、社交以及群组织是天生的基本特征和底层需求。无论是原始社会里为保证生存安全，还是工业社会里为提高生产效率进行分工协作，群分一直伴随着人类社会的进化发展。圈子是人类基本行为特征的代名词，基于老乡、校友、同事等关系而生的，具有一点或者多点共同特征的人群的聚集。

圈子文化在中国传统文化中占据重要地位。费孝通先生在《乡土中国》中提出著名的差序格局理论。中国乡土社会以宗法群体为本位，人与人之间的关系，是以亲属关系为主轴的网络关系，是一种差序格局。在差序格局下，每个人都以自己为中心结成网络。这就像把一块石头扔到湖水里，以这个石头（个人）为中心点，在四周形成一圈圈波纹，波纹的远近可以标示社会关系的亲疏。

简单来说，就是以个人为中心，连接紧密、沟通频繁的是情感性的关系——家人；再外一层则是熟人，有一定的社交连接基础，比如同学、同事等；再外一层是生人，基本上没有连接基础，往往是基于兴趣或者某种交往目的而认识的。所有人的社交圈都是一个同心圆（见图6-1），所有人的关系链都是这个同心圆的动态调整。

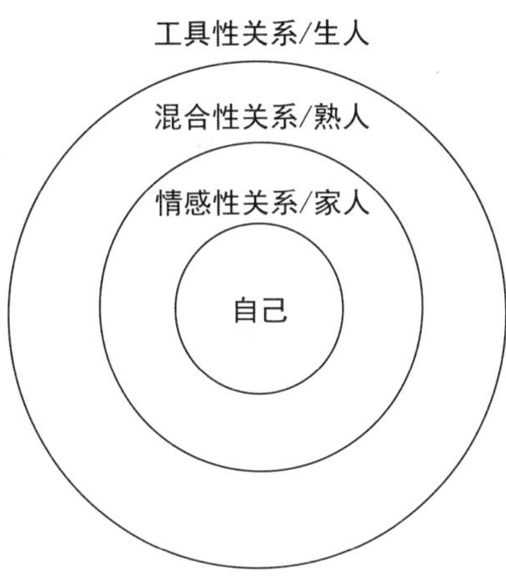

图6-1　社群的原始结构

互联网的本质是连接，社群的本质是人的连接。社群是从既有社会结构里裂变出来的人跟人连接的新方式。我们作为一个个社会原子存在，和周围的人仅有松散的社会角色上的联系，缺乏深度的人际连接。对于社群成员来说，作为社会原子，在某些契机中，通过技术模式（微信群）、商业模式（消费的产品），以及新的互动规则和价值观，形成一个社群。

一方面，技术进步使人更多的兴趣被激发出来，兴趣、价值观等属性和特征相似的人群连接在一起的成本迅速降低，这就加速了社群作为组织的成立和发展。更多具有类圈子特征的群体得以借助互联网实现连接，并且逐步发展起来。比如因为美剧形成的美剧迷社群，拥有同一个型号私家车的车友社群，军事发烧友社群，钟表收藏与爱好者社群等。

另一方面，广域的信息传播又使得特殊爱好的群体突破了时间的阻碍和地域的限制，通过互联网能够在时空中充分交互连接，形成一个个小众群体。诸如在北京，仅有两个人有同一爱好，因为有了互联网，他们就可以在全国乃至全球范围内去聚合拥有同样爱好的个体，并且形成线上线下具有统一爱好的社群。

最后，社交工具的使用以及在通讯技术的辅助下，社群维护变得十分便利。相较于过往，个体的时间和精力受限于客观条件，只能够维持一定数量的同乡、同学、同事等有限的圈子关系。而在社群模式下，个体可以很便捷地在有限的时间内完成过往圈子的经营，还可以拓展出诸如自驾游、星盘一族、吃货一族等更多的社群关系并运营自如，也使得社群经济得到了更大范围的普及。

随着社群发展完善，每个社群既是独立生态，自我循环时自成体系，又需要连接其他社群。未来社群与社群之间的沟通、交流、合作会更频繁，也彰显着移动互联网的价值，社群可以随时解散和重聚，社群与社群之间的关系也是动态的。社群与社群之间的合作，也将激发出更多的集聚效应与商业价值。

二、社群连接的四个方面

每次社交网络和新技术的更新换代，其实只是充分利用新载体来帮助人与人之间充分连接的结果。人与人连接还有以下要点。[①]

---

① 本章节内容主要参考汪行健先生在知乎问题“社群与社区的区别是什么？”下的回答。特此感谢。

原文链接：https://www.zhihu.com/question/22538129/answer/43196006#

1. 共性：文化和价值观的内在连接

美国学者赛斯·高汀认为，社会是由人组成的，人依附于各种组织。一群人要形成社群，只需要两个条件：共同兴趣和沟通方式。另外，人都有归属感的需求，每个人的心中都有原始的部落情结。个体的孤独焦虑感、寻求归属感、内心深处的原始部落情结是社群得以形成的另一个原因。一个成功的社群必须迎合我们心灵深处的原始社会的部落意识。

社群的内在是求同，求同的内在是价值观趋同。人们根据偏好会形成不同的小圈子、不同的社群。互联网是“部落化”“小众化”社群存在的依据，从地域、民族等共同点演化为以兴趣和文化为共同点。比如，小米的“为发烧而生”、罗辑思维的“自由人的自由连接”。

未来，基于不同的文化和价值观，会出现跨组织、跨国界的区块经济，比如二次元、鬼畜、白富美、光棍、精英、智能人……社会结构和评估体系也将发生变化（起码在虚拟生活中）。人摆脱常规的社会规则，区块中没有现实的社会阶层，更多的是一种混合判断，包括我们对这个区块文化和价值观的认识程度。我们的区块文化和价值观越强，社群的凝聚力就越强。社群玩得是一种“榴莲精神”——喜欢的会爱到骨髓，不喜欢的会完全无感。大到政治运动，小到李宇春的粉丝，道理类似。和君集团董事长王明夫说：“文化好了，就能成生态，生态好了，就能自组织，自组织了，比啥管理都有效率。”

社群必须要有一个连接点——同好（interest），即俗话说的“臭味相投”。人类一直都以群体作为组织形式——部落、集团、联邦——至少自人类学会使用工具以来就是如此。大家能聚在一起并长期相处，都是基于一定的事物，或关系，或兴趣，或事件等。价值观也需要有一个具体投射，可能是一个产品（米粉、果粉、Nexus粉），可能是一种行为（B站看片吐槽、Github写代码、碳9学习创业），这些具体的投射就是连接的节点。节点的重要性不仅仅体现在各种社群对人有限精力的竞争上，本身就是社群是否形成的标志。社群的连接节点是社群产生的必要条件，换句话讲，连接节点是社群存在的根本。

构成价值观载体的要素有很多，大致可以分为如表6-1所列出的几类：

表6-1　社群价值载体类型

类型	阐释和案例
产品	对某款产品或公司的冲动，比如米粉、果粉。
行为	拥有共同的行为习惯，如逛街、母婴、车友会、公益组织等； 秋叶PPT（针对PPT爱好者，学习者）。
职业	社会属性，如设计师、文案等；行业定位：餐饮老板内参。
空间	拥有相同的空间属性，如班级交流群、公司内部沟通群、部门交流群等； 地域属性定位：伏牛堂（湖南老乡）。
情感	相同的情感诉求，喜怒哀乐都可以把一群人聚在一起，相互交流。比如，疯蜜（有钱任性的美少妇）。

2. 规则：机制化的行为连接

社群需要管理者来把控入口和出口，保证社群的共性不会随着新进入者而降低。机制是最好的管理者，被认同且被执行的机制是社群存活的根本。比如，社群管理相对比较规范的正和岛，为岛上公民制定了五条诫律、六条行为规范；游戏远古遗迹守卫（Dota）的规则虽然很简单，但是被坚决执行，这是它口碑一直压制英雄联盟（LOL）的根本。如何建立机制，保证社群连接的长期性，笔者有以下几点看法。

首先，建立一致行动机制，投入资源围绕“铁粉”构建势能差，赋予成就感；同时，设计用户升级体系，建立粉丝金字塔体系，保证核心粉丝的特权地位，通过不断换血保证社群的活跃度。

其次，驱动自组织机制，做好总群与分群的管理、控制、利益分配机制和群体激励。

第一，给出简单而清晰的目标，逐级实现。社群发展到一定阶段后，一定要将社群的成员按照贡献度与影响力划分层级，像打游戏升级一样设置任务、点数、关卡、徽章等激励体系。

第二，每个人都清晰地知道自己的任务，并去完成它；清晰地知道完成任务后可以获得什么奖励。比如某个社群的玩法规则有：分模块训练写作；具有运营自媒体、广告创意等相关技能；到点交作业，由群管整理，顾问点评；根据成员完成作业情况进行积分淘汰，留到最后的成员成为高级别会员。

事实上，人类创造的最早的此类产品是扑克牌，54张牌，没有版权，有的只是不同的组合方式，游戏规则一个接一个产生，有很强的延展性，所以到今天依然存在。

3. 开放：生态化的外部连接

无论是苹果Appstore的开发者社群，还是B站的宅腐基社群，每个社群背后都有着非常复杂的消费元素。元素的复杂性和社群的生态化决定着社群的寿命。举个例子来说，魔兽世界吧当年是社群界翘楚，不同于其他游戏，一直保持着超级高的活跃度，其原因并非来自贴吧本身，而是来自背后具有海量的游戏元素，号称开发10年的魔兽世界，可以自成生态。

能够经久不衰的只有那些开源社群，比如围绕Linux（一种操作系统）或Android（安卓系统）展开的一系列社群，只有开源才带来持久的复杂性。

4. 裂变：规模化的复制连接

古今中外，最为成功的组织或者商业模式如下：发现或者培养高级和专业用户，把高级和专业用户变成自己人，然后赚低级和业余用户的钱。大学、教会等都是此种商业和组织模式。比如果粉是比较大的社群，而家门口跳广场舞的大妈们就是个稍小的社群。这种组织的原理有点像基因的裂变。如图6-2所示。

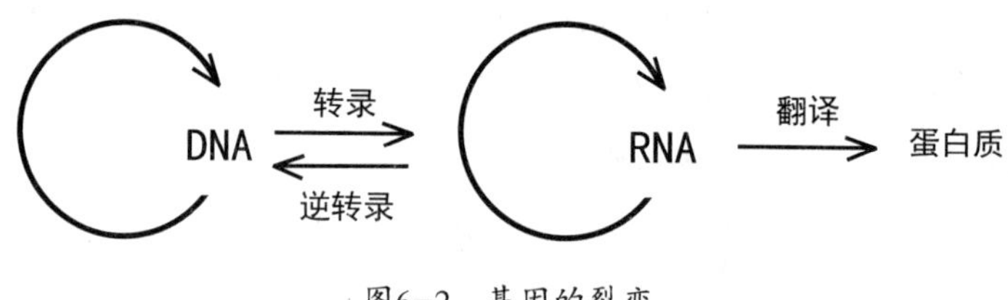

图6-2　基因的裂变

连接点是社群存在的根本，同样，当社群扩大时，连接点的可复制性就是根本，决定了社群的规模。

社群的进一步扩张还需要考察复制成本。社群扩张最初需要考虑的是参与成本，比如说跳广场舞，你要住得近，有一定财力，集体提出的置办服装与道具得买得起。罗辑思维完成了规模化，但粉丝群活跃度反而下降，为什么呢？因为没有复制能力，没能形成自组织。罗辑思维的参与成本很低，但在进一步扩张时会发现罗辑思维连接点的复制成本很高。无论是每天念60秒的心得，还是每周做的节目，还是自组织的高效学习，对“来听讲、给打赏”的罗粉来讲都是很难的事。而与此相对的，GitHub（一个面向开源及私有软件项目的托管平台）等开源社区的连接点就是交流代码，写代码和上传管理是其成员本来就要做的事情，于是复制扩张成为理所当然的事。

除了降低复制成本，还要有意识地发现、培养、复制关键连接者，找到活跃分子和骨干，以骨干为核心做好传播，建立内容分享与邀请机制，实现关系链裂变。当一个社群的人数超过一般人的社交范围的时候，就需要细分成小的社群，让大家找到归属感，比如，女性社群“疯蜜”采用窝主制，窝主必须在当地具有一定的影响力，并且愿意全心全意为疯蜜们服务。窝主负责招募新会员，组织线下活动。会员费的分成是总部拿小头，窝主拿大头。

三、新运营：企业运营用户社群的三个要点

套用马克思的经典名言，“人是社会关系的总和”，未来企业的核心就是管理内外部的用户关系。未来的企业都要给自己注入社群基因，不管是微群组还是部落群。目前企业在用户社群的布局和运营已经打破了野蛮生长的阶段，开始走向精细化，通过更系统的社群运营为其商业升级带来更多的可能性。你如果不能深刻地理解企业和用户之间的关系，你就无法理解新商业的价值。

社群是企业与用户连接的纽带。企业最需要的是把消费者变成深度用户，加强人际交往的频次，和用户产生情感，使之变成企业的粉丝；用户通过连接，可以扩展与提升社交资本，所以社群成为企业和用户连接的合适工具。

针对消费者（企业的外部用户），通过社群进行社会协作与分

工更便捷，量化和信用体系更完善。社群组织与兴趣部落为商家、消费者直接实现了零距离的沟通，甚至极有可能成为新的商业渠道。人人都是渠道，人人都可传播，变得越来越切实可行。要赢得消费者的认同与商家赞赏不仅需要公开透明化，更要将消费者融入生产、采购、营销等所有环节，相互连接，建立各个主体供需的最短路径，形成共生的商业生态，打造基于社群的商业生态圈。

针对员工（企业的内部用户），企业需要做一个自组织的连接者，打破平衡，为组织引入活力，形成新的生产关系。那么，企业如何通过社群运营，管理内外部用户的关系呢?

1. 社群是一群人需求的集合

构建社群的目的可以有很多种，最根本的是通过一群人的努力解决一类人的需求。主要有两个方面：我们是谁（目标人群）？我们为什么要在一起（解决了目标群体什么需求的问题）？

社群的目标人群是行业大咖、精英团体，还是像正和岛那样身价在一亿元以上的企业家，还是针对中小企业的企业主，还是像混沌大学的新锐创业者，还是大学生，还是罗辑思维的互联网知识型学习者，还是小米的手机发烧友，图6-3就是“三个爸爸”目标群体的划分。

圈定同一类人，就要抓需求。同一类人的社群主要有两大需求：一个是社群内人员连接的需求；一个是用户和相应的产品、服务连接的需求。人与人的连接最典型的是微信群，很多人都加入了各种各样的群，扩充人脉，认识志同道合的人；而人与服务、产品连接的需求，则是社群经济产生商业价值的关键点。社群成员的需求可以用频次（高低）和紧迫性（是否刚需）进行分类（高频+刚需），一般有如下几点：

交友的需求：结识高质量的人群，拓展人脉。

获取服务的需求：获得与产品相关的后续服务，如售后等。

学习的需求：渴望学习和分享。

心理需求：归属感、满足感。

宣传的需求：打造个人品牌。

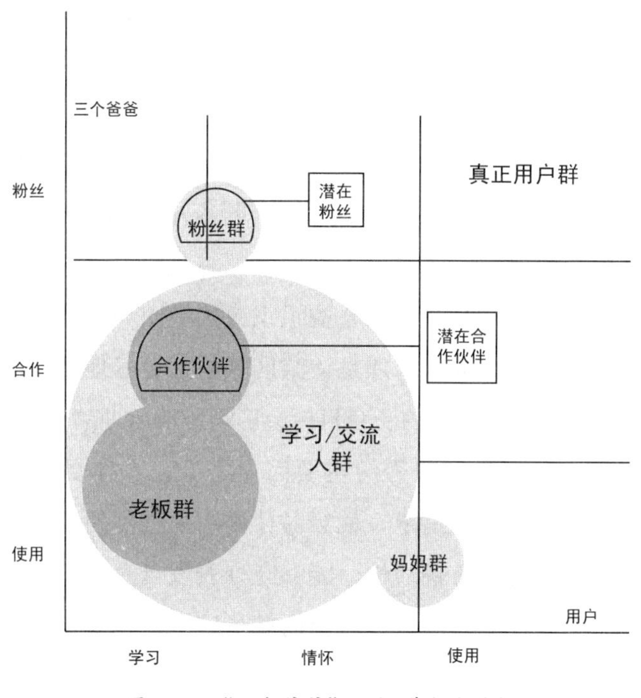

图6-3　“三个爸爸”目标群体的划分

人或者用户是构成社群的最小主体单位。每个用户都有需求，一类人需求的集合就成为社群成立的基础。

2. 社交，让对的人在一起做对的事

社交的本质是点对点互动，而且必然是在两点之间发生。社群是人与人之间的连接，需要社群成员的积极参与。只有这样，社群才有真正的生命力，社群组织才会实质化，社群文化才会形成。《大连接》的作者尼古拉斯·克里斯塔基斯认为参与（即重复的合作性互动）能够建立信任并增加关系的价值。越来越多的证据表明，参与的力量（人们之间直接的、强烈的、积极的互动）对于促进可信赖的合作行为至关重要。

对于社群发起人而言，首先要明确构建社群的目的，建立一个什么样的群，实现什么目标。是为了让更多人了解某个产品，提供某种爱好的交流机会，还是为大家的学习与成长提供机会；是为了提升品牌影响力，还是纯粹的公益组织或兴趣团体；是聚集某个圈子的精英，影响更多的人，还是让某区域的人更好地交流，做某个群体的情感聚集地。社群的受众目标会影响社群后期的运营策略。

社群目标是产生凝聚力的重要因素之一。个体受群体目标的吸引，并内化为自己的追求，就会对社群产生强烈的依赖与归属心理，尤其是当目标具有挑战性，能够充分表现自身价值时，这种吸引作用就更大。比如，大家因减肥而健身这个目标聚在一起，就会发现这是个伪命题，因为每个人健身的内容是不同的，无法用统一数值衡量，所以，目标必须可以量化。例如我们把减肥的目标圈定在三点：体重、体脂率、三围，同时设定“我的减脂周”。每人以周为行动时间表，这就保证了用户的动机与活跃欲望。比如，一个品牌发起了一场夜跑活动，聚起一群夜跑爱好者，确定时间、确定场地完成一场夜跑，那么这个群体的目标就很明确；要拍摄一部电影，导演把演员、编导、执行导演、剧务、灯光、宣传策划等人找

齐，组成一个100多人的剧组，要在3个月内拍完，这个目标也很明确；一个诗歌爱好者，找到100多个对诗歌感兴趣的同学组成社群，发起早晨8点到某教室读诗的活动，这个目标也很明确。

正和岛创始人刘东华说："一个社群是否还活着，就看它是否还能产生活动，产生内容。"从某种意义上说，粉丝与粉丝之间连接的强度和频度决定了一个社群的生命力，而社群活动的频率与质量决定了社群能走多远。对于活动而言，仅仅有参与感还是不够的。娱乐化、游戏化、场景化是众多成功社群的惯用路数；同时，要通过以下形式形成同感与共鸣，在社群中建立体验上的强关系。

仪式感：通过申请，接受群规。设立奖惩机制，以保证社群规范（入群门槛：审核、付费或者付出，比如转发）。或者通过符号、节日、场景等营造仪式感。

参与感：通过有组织的讨论、DIY、选举、选轮值（如每周主题）、分享等，以保持群内有话说、有事做、有收获。

组织感：通过对某主题事物的分工、协作、执行等，以保证社群的战斗力，比如做任务：发布、完成、奖励。

归属感：通过线上、线下的互动与活动等，以保证社群凝聚力，比如选皇后、师徒结拜、从众培养等。

米粉参与小米手机调研、产品开发、测试、传播、营销、公关等多个环节。小米经常举办线上、线下活动，强化粉丝与社群、粉丝与粉丝之间的共鸣。4年之间，粉丝从100人到6300万人，从小米网、同城会到小米之家。米粉线下社区与策划活动：2011年9月—2013年10月仅仅25个月的时间，小米官方统计的活动就有469次、事件58次，平均每月21次营销活动！小米通过爆米花奖、同城会、米粉节……将米粉紧密地联系在一起，形成一种文化与人格上的感召力、粉丝认同的共振感。

社群运营者要善于开展与主题相关的社交互动，丰富社群成员的体验，加深关系链的沉淀，才能维持社群关系链的持续高质量发展。

3. 意见领袖以点带面

当多点出现交互的时候，社交形成社群，“三人行必有我师焉”。在多点稳定交互的状态下，就会形成社群化的组织。任何一个群体都有不同的角色，好比电影的演员搭配，各司其职，比如关键意见领袖KOL（类似领衔主演），有跟帖的，有潜水的；有的主动，有的被动，都是有层次分布的。社群的管理就是按照各自的特性，各安其位，通过机制让社群自组织起来。

其中，意见领袖KOL最为关键，是我们在社群中的集散节点，通过关键节点能以点带面，形成网络。社群在不同的场景下，KOL会发生变更，通过这种变更实现价值交换。

意见领袖作为社群中的参照标准，会主动、积极地向外传递信息，包括但不限于自己的看法和经验，喜欢或不喜欢的价值判断。以下几种人士，比较容易成为意见领袖：

专业人士：主要是对于某些产品类型或体验的整体消费知识。对于打电玩来说，一个十几岁的电玩玩家比一个三十多岁的计算机博士肯定要更加专业。

社交达人：意见领袖多半是比较活跃、交际比较广阔的人。

高阶人士：具有较高的社会地位，大多收入比较高而且稳定。良好的经济条件使他们有能力成为新产品和服务的早期采用者，获取有关产品知识。较高的社会地位会让他们在群体中受到尊重，对其他人具有影响力。

创新达人：思想活跃，性格外向，勇于创新，敢于接受新事物。在创新扩散（Diffusiono Finnovation）的过程中往往是早期的创新采用者。

一个社群的意见领袖，无论是宗教的、政治的，还是社会的，不管信仰的对象是一部作品、一个人，还是一种观念，往往通过三种方式——社会化（Socialization）、社交角色（Social roles），以及社交规范（Social arrangement norms）——对社群成员发挥着作用。社群中不同的角色应该遵守什么样的社交规范，展现出什么样的行为，学习什么样的价值观，整个过程就是社会化的过程。

意见领袖对社群影响的形态包括：设定角色模范（好妈妈就应该像谁谁谁一样）、提供资讯来源（股票消息听老王的就没错）、社会规范（优雅的淑女不应该蹲在路边吃东西），以及自我价值表述（要酷就要像我一样穿衣服）。简而言之，意见领袖影响社群成员的方式就是提供相关的资讯，告诉你该做什么，不该做什么，让你模仿，以及告诉你该如何表达自我。至于意见领袖能够发挥多大的力量，则取决于他所能形成的社会权力。这些权力来自于他给予跟随者的奖酬、惩罚、本身的专业程度以及值得参照的程度。

在企业社群的运营过程中，要发动意见领袖的力量，培育社群关键连接者，以点带面。

在全新的互联网时代，社群已经成为一种新的力量，对我们的生活产生了巨大的影响。每个人都要去发现社群、加入社群或者创建社群。产生影响力，成为意见领袖，成为社交的关键节点，这样才能在移动互联的新商业世界中游刃有余。我们在工作中，可能没有注意到要去建立社群，比如组织一次活动或分享，完成一个项目，做完也就做完了，参与在其中的人并没有刻意形成社群，也没有人去影响他人。如果我们意识到需要建立社群，就要提供工具和平台让其他人建立连接，从而形成更大的影响力。

在人人都可以成为社群领袖的时代，从现在就开始加入社群，打造个人的社交影响力（指驱动别人产生行动的能力，体现在社交媒体活动中，可表现为点赞、转发、评论、关注等），并逐渐领导社群。在成为社群意见领袖的过程中，你不需要也不可能去影响所有人，只需要1000个有共同信念的人相信你就行。他们会成为新的节点，然后会有更多的节点与他们连接。在一个大企业中，我们推动一种变革，也是要找到一群有共同信念的人，相互支持，让每个人成为新的节点，寻找做事与众不同而且在实现变革的人。给予他们一个平台，给予他们聚光灯，帮助他们寻找追随者，最后变革就容易成功，这是一个简单却有效的办法，也是在新组织形态下的新运作思路。最后，用两个比较有代表性的社群案例进行对比分析，来探讨社群业态如何开展，如表6-2所示。

表6-2　两种类型社群对比分析

社群类型	罗辑思维 （知识型聚合关系）	酣客公社 （产品聚合关系）
价值观	倡导独立、理性的思考，凝聚爱智求真、积极上进、自由阳光的“身边的读书人”。	追求生活，倾听自己的声音，释放灵魂的天性，狂热地追求梦想，永远超出预期，只跟靠谱的人喝靠谱的酒。
核心价值	解决社会中大部分人没有时间和条件进行系统学习的问题。 引导人们进行更深层次和更独立的思考。 更多的是一种价值观的传递。对社会各种现象的深度思考带来人们的追随，更像是一个启智的过程。当罗辑思维影响得更广，实现的就是教育。当罗辑思维发起的活动能按照它的思想进行下去的时候，实现的就是改变整个社会。	打造新商业人性生态红利圈，创造中年人的精神乐土和实在归属。但目前只为消费者提供了一款质量让人放心的白酒。

续表

社群类型	罗辑思维 （知识型聚合关系）	酣客公社 （产品聚合关系）
模式	以自媒体的形式，对一些与社会相关度比较高的现象进行深度解读，推荐书单、视频等起到过滤知识和整合信息的作用。 搭建微电商商城售卖产品。	用心做了一款白酒，聚合了一群追求生命质量的人。 主题玩具、主题餐品、酣客酒、酣服。
目标人群	80后、90后中有读书与求职欲望、喜欢深度思考的群体。 时间紧缺不能系统学习的工作人群。 喜欢较深思考的人群。 接受过较高教育的人群。	中年刚需（偏产品品质好价格低）。 中年，价值观稳定，收入稳定，家庭稳定。 不仅喜欢白酒，且对白酒有认识有情感，对市面上的白酒很不满的人。
定位	爱智求真的知识社群。 做互联网知识人群、知识社群。 凝聚同一价值观的人作为实现某种目的的载体。 这个目的可以有很多种可能。 互联网的十年实验。	做互联网新商业人性生态红利圈（实业社群）。 凝聚一群同一价值观的中年人作为实现某种目的的载体，成立全国社群。
传播渠道	得到APP、微信公众号、微信订阅号、出版图书、视频（优酷、爱奇艺）、百度贴吧等。	所有自媒体，线下演讲，门户网站： 1. 酣客广播：早8点晚6点，共25分钟，分舵代理。 2. 新话字典：网站视频、对话人生社科。 3. FFC课程：随身携带的商学院。 4. 产品包装：未来做成流量入口的广告体。 5. 主流媒体：只接受官方采访。
模式	以身边常见的问题引入语音（找到话题点激发好奇心）—文章（分析社会现象和引导用户思考）—视频—活动（行为培养验证理论）—书籍（更系统并上升到理论体系）—培训（管理课程）—教育。	产品建立社群。 做产品——白酒；做情怀——靠谱的人和靠谱的酒；做势——互联网新商业。（FFC：Factory、Fans、Customer）粉丝作为用户代表反向大规模定制。
内容体系	核心围绕有种有料有趣做内容， 没有预告的无边界社会话题。	产品即内容。

续表

社群类型	罗辑思维 （知识型聚合关系）	酣客公社 （产品聚合关系）
社群活动	1. 霸王餐。 2. 月饼。 3. 图书包。 4. 雕爷牛腩学徒、首席体验官。 5. 微商城。	1. 酣客节：定方向、培训、举行线下活动（品酒会、O2O艺术馆等）。 2. 粉丝代表大会：分社实体化、粉丝持股计划。 3. 生态大学：全国免费、创造认知红利。
社群规则	活动中遵循：游戏体验、规则清晰、自愿参与、及时反馈。 组织活动：众智、众筹、众包、众享。	组织活动：众智、众筹、众享。
社群利益	合伙收益分成。 追求新事物的满足感。 获得社群间的价值认同。 平台资源。	合伙收益分成。 追求产品的高品质体验。 获得社群间的价值认同。 平台资源。

四、案例：社交网络巨头腾讯能否“连接一切”

微信团队在2017年微信公开课PRO版上发布了《2016微信数据报告》，日登录用户达到7.68亿（几乎占中国人口一半），50%的用户每天使用微信的时长达90分钟。作为极为热门的红包，在除夕当日，发送次数达到23.5亿次。在中国前十大社交类APP中，腾讯旗下产品占据三席（微信、QQ、微博和QQ空间占据着前四名的位置）。

1. 从腾讯的发展历程看社群化运营的成功逻辑

腾讯起家靠IM（即时通信），刚开始解决的是人和人之间直接交流的需求，基于社交中最重要的部分，抓住了人们线上社交的需求，把人与人的社交关系在线化，构建了以人为中心的关系链，并有效维系了这种社交圈。随着用户的增多，用户依赖度变得更强（社群连接的指数效应）,借此发展起来庞大的用户群，围绕着用户，发展成为如今的腾讯大生态。

（1）抓住社交的核心需求——沟通

IM是整个腾讯竞争力的基础、平台和核心。IM是腾讯的基因，从PC时代的QQ，连接了数亿用户，而且通过持续不断优化自己的产品体验，不断渗透，目前已成为中国最主流的生活方式、娱乐手段、虚拟财产、个人成就系统，使得QQ成为消费者的另一个身份证。再到移动互联时代的微信，取代短信，便于图片、语音等推送或传播，都是为了大家能更好地进行线上交流。核心价值还是通过更便捷、实时、随时在线的沟通，方便人与人之间的联系，解决社交最核心的需求。

（2）维护社群的关键要素——关系

除了通讯，微信创造了更好的社交体验，它有效将通讯和社交两个功能予以结合，以熟人关系为核心获取新关系，维护关系与结束关系的成本低、体验好，且有效保护了使用者的隐私，因此成就了使用微信的高频和刚需，用户活跃度非常高。

微信以手机号与QQ号为核心的账号体系，对于广大用户来说，转移成本低，同时通讯录同步便于熟人之间的信息传播与互相信任，为产品病毒性传播，积累庞大的用户群提供了势不可挡的契机。一旦建立基于熟人关系的账户体系，和陌生人成为朋友就是水到渠成的事情。

微信朋友圈是用户获取熟人新鲜事、维护好友关系的话题平台。微信利用朋友圈引导用户来维护关系，而不是传播内容。从朋友圈的设置可以看出，朋友圈是主推晒图，晒图大多出现主人公自己，或者拍摄者是主人公。文字和转发虽然也很方便，但是比发图多了一层操作。用户关系黏度决定社群价值的意义，大多社交应用都死在对关系的把握上。微信的设置可以隐藏手机号等隐私信息，有一层防护墙，方便结束一段关系。

（3）延展产品的核心价值——连接

凡是基于社交连接，特别是与熟人关系链相关的产品，腾讯做得都很成功，包括游戏、社区和增值服务，比如QQ秀，就是典型的围绕社交需求展示自我的变现产品。但非社交的东西，比如搜索（腾讯搜搜）、电商（易迅）、短视频应用（微视）等都不尽如人意。后来腾讯改变策略，围绕“连接一切”的定位开展业务，并加大投资力度，用减法与借力思维聚焦社交业务，把其他都剥离出去，例如卖掉搜搜，把易迅并入京东等。

2. 从腾讯的转变看连接人到连接一切

腾讯正在从熟人社交转向陌生人社交，比如QQ兴趣部落、微群组等，这是腾讯想在兴趣社交领域做的进一步尝试，也是社群发展的必然路径。

兴趣部落与微群组的兴起，是腾讯发展的必然结果。腾讯的核心是熟人社交，属于强关系的连接，看一下自己QQ好友的分组，就可见一斑。但随着社交的深入，越来越多的弱关系进来，很多只有一面之缘，或者商务关系的朋友也慢慢开始纳入进来。

微信很好地解决了“三个关系”的问题：好友之间一对一的沟

通是方便亲友的沟通，朋友圈、微信群方便了弱关系的熟人交互，微信“附近的人”和“摇一摇”等功能，天生就有移动基因，满足了人们的社交需求、好奇心，同时创造了陌生交友的场景。

腾讯一直在主动调整，让自己更加适应环境的变化和社会的发展趋势。从2013年开始，腾讯将大量原有的业务进行调整，甚至直接放弃。这种调整让腾讯成为一个更为简单、纯粹的公司，成为一个更加适配社会的“连接器”。今天的腾讯更像是社会化大生产中的一个互联网元器件，任何组织、机构或者企业都可以将这个元器件拿回去进行自己的再创造、再组建，从而形成更有价值的产品与服务。其中，腾讯所提供的最重要的元器件之一就是微信。

现在，微信已经拥有超过7亿月活跃用户，它不断开放的各种各样的接口，为大家提供了丰富多彩的想象空间。我们也看到，大家在微信上创造出了大量的应用。很多政府部门、企业都通过它为用户提供服务。它也改变了互联网传统的流量分发模式，让所有的应用通过社交化方式实现自己的连接。

腾讯用微信连接人，会不会实现连接一切？让我们拭目以待。

历史学者黄仁宇在他的著作《关系千万重》中写道：“从大历史的角度看来，今日各种关系丛集，有令人无法抽身之感……提到关系这一名词，我们就可以立即想到私人关系、家庭关系、利害关系、性关系、金钱关系、外交关系、乡土关系、人知关系、多重关系、双边关系、直接关系、微妙的关系、紧张的关系等。” 在丛集的关系中，他又总结道，“古今中外的重要文学作品，不外发挥以下三种关系：生死、金钱与性，达尔文、马克思和弗洛伊德都曾予以详细分析”。随着社会的发展，“今日的局势则是这三种关系，都在进行重大的修订与转变”。

在移动互联和社交网络发达的时代，人与人的连接已经出现

"重大的修订和转变"，未来一切关系都可以互联化，用户重新部落化；连接，出现新的"文化区块"，从而提高产业、企业和个人的社群属性，形成社会化圈层，推动"人"的共享和流动，进一步提高"社会化"的能力：更低成本、更有效率、更大时空范围地配置所有"人"的资源。

具体到产业层面，社交寡头创造的新国度成为生态平台，占有虚拟世界的社交红利；到企业层面，企业成为社群的一部分，用户参与到企业经营的各个环节中来；再到个人层面：每个人都应该去打造自己的社交影响力，从而更好地适应这个新商业时代的发展。

New Business Times

第七章

新品牌：内容连接打造影响力IP

目光所到之处，金钱必将跟随。

——凯文·凯利

西晋太康年间，有位文学家叫左思，他小时候相貌平平，才学一般。20岁那年全家人迁往国都洛阳，左思也因此有机会接触很多文人雅士，写作水平逐渐提高。他读了东汉班固的《两都赋》和张衡的《二京赋》，虽觉得不错，但也觉得文风华而不实。于是打算以三国时期的魏都洛阳、蜀都成都、吴都建业（今南京）为题材，写一篇类似《两都赋》《二京赋》的作品。左思收集大量历史、地理等资料，花费10年时间写成《三都赋》。

由于左思尚未出名，以陆机为首的一些文人对他的作品嗤之以鼻。这时，幸亏得到了当时较有名气的作家张华、皇甫谧等人的支持。皇甫谧亲自为《三都赋》作序，并请著作郎张载为《魏都赋》作注，中书郎刘逵为《蜀都赋》和《吴都赋》作注。《三都赋》因此名声大震，众人传抄，导致纸价大涨，一时“洛阳纸贵”。

首先，从内容创作的角度看，左思的《三都赋》是一个历时10年时间打造的精品，是极其稀缺的优质内容，有很高的门槛和模仿壁垒（陆机再次拜读《三都赋》，也认为之前自己的想法是错的，也打算写一篇《三都赋》，但觉得自己不可能写得比左思好，就决定放弃，此为“陆机辍笔”）。这个题材也有成功先例，就是班固的《两都赋》和张衡的《二京赋》，这样的内容有读者基础，成功的概率高、风险低。

其次，从内容运营的角度看，左思善于请名人站台，请名人作序，有人力挺，同时请著名学者进行解读，再创作，做内容的放大和二次开发，利用当时的名人题注，做成光环效应以推广作品。

最后，在内容变现上，选择了当时新型的媒体载体——纸张（东汉发明，当时还是新媒体，比较稀缺、贵重）作为出版物载体，以高附加值进行变现。

可见，知识经济古已有之，那么在新商业时代，以内容为核心的知识经济如何展开呢？

一、IP本质是知识经济时代的影响力

IP是近几年出现的热词，广义上来说，IP是知识产权（Intellectual Property）的缩写，无论是软件、配方、设计图纸，还是其他任何无形的知识性产品都是IP，都是知识产权。它们作为智力成果、知识产品，是一种无形的财产或者精神财富或者创造性的劳动成果。狭义上来说，IP是当下内容产业的代名词，主要包括电影、电视剧、综艺、小说、游戏、周边产品等。这个产业的特点是只要其中一种内容形态获得品牌价值，其余衍生产品也会依次增值。更具体来说，IP是小说、剧本、游戏等的创作内容。

笔者认为，IP 可以理解为爆款内容+全产业链运营。爆款是内容，全产业链运营则是基于内容的后续开发和运营。IP的价值不是固定的，如果经营有力，价值自然不断攀升，更容易形成反哺现象。《仙剑奇侠传》游戏迷会因为游戏本身而去看影视作品，没玩

过游戏的影视迷也可能因为电视剧而进入《仙剑奇侠传》的游戏世界。可以说，对游戏的二次创作，不仅为影视作品奠定粉丝基础，同时影视粉也反哺游戏粉，一来一回，IP的无形资产和影响力也在壮大，每一次的衍生创作都是在为IP增值。

IP是人类知识中流动性最强、品质最高的信息集合。在新商业时代，内容产业是典型的知识经济，而知识经济的本质是影响力经济。我们用一个公式，尝试理解内容产业的本质规律。

内容影响力=内容稀缺性（用户注意力的稀缺性&高价值内容的稀缺性）×传播话语权（行为和情感的忠诚度，某一时点的社会议程设置能力[①]）

一方面，好IP是稀缺的、高品质的。首先是用户注意力和时间的稀缺，所有的产品从用户时间占有的角度来讲全都是竞品，是排他的。用户把时间花在这个内容上，就不会消费其他的内容。其次就是高价值内容的稀缺，往往具有唯一性、不可复制性。即使当代有1000个职业作家联手，也很难再写出一本《红楼梦》。

另一方面，IP即话语权。首先是对用户心智的占领，这与用户时间的稀缺性相对应，指的是用户心智空间的有限性。在海量的内容面前，只有热度排名前列的才能形成用户认知，对用户的行为和情感产生影响。比如，每一代人都有自己熟知的电影、电视剧和文学作品等，而真正打动每个人，形成深刻影响的就那么几部，甚至几个碎片。这种对心智的占领主要取决于内容与用户的共鸣，以及切身性（是否与自己有关，以及有关的程度）。其次就是内容在某

---

① 议题设置（Agenda Setting）是传播学的理论，属于传播效果论的一支。议题设置指大众传播媒介通过报导内容的方向及数量，对一个议题进行强调。在媒体上被强调的议题，与受众心目中所认知的重要议题，有显著的关联，而媒介在这个过程中有重要影响。议题设置是大众传播媒介影响社会的重要方式，其观点主要来自政治学，李普曼的《公众舆论》最早提出该思想，被认为是传播学领域的奠基之作。

一时点对社会议题的设置能力，是否具备话题性、能引发流行、成为社会中重要的议题，形成广泛的讨论、传播。

传播理论的核心在于同时间引起大范围的共鸣，在当下的传播环境中，最好能够同时在多个分众人群中产生共鸣，把信息推至临界点。但做到这一点非常困难。但是正因为困难，所以可以同时击穿多个人群的内容更为稀缺。

二、内容产业兴起原因、趋势和新玩法

1. 中国内容产业兴起的四个原因

现在市场上比较火的IP都是一些时代化、符号化的文化、娱乐产品。比如《鬼吹灯》《盗墓笔记》等网络小说改编的电视剧、电影。这个层面的内容，属于上文提到的狭义定义的IP。IP近些年这么火爆，我认为有四方面的原因。

（1）消费升级

国内IP产业蓬勃发展最重要的推动力是民众从物质消费转向精神消费。中国改革开放将近40年，人们可支配收入大大增加，大量的人将会提升对精神消费的需求；产业效率也越来越高，人们会有更多闲暇的时间。为什么欧美地区的文化娱乐产业更发达，就是因为它们更早地具备了较高的物质生活基础，进入精神文明建设。现在的中国正处在消费升级的状态，所以越来越多的人需要内容、娱乐产品去Kill Time（消磨时间）。

（2）互联网信息对称化使更多优质内容被释放出来

以前很多非常好的内容找不到释放的渠道而被湮灭。但在互联网时代就不一样，互联网有很好的分发平台、自媒体等。而且互联网变现的方式更加便捷，包括会员费、小说章节打赏、微支付模式的普及，越来越多的优秀IP能够挣到钱。互联网产业变得更加公平、更加高效，供给侧变得更加流畅，供给的匹配变得更加精准和有效。

（3）用户付费意愿的形成

逐渐成为主流的新一代用户正在以其较好的付费习惯重塑市场。未来五年内，内容与泛娱乐市场在放开二胎后的婴儿潮冲击到来前，面对的是以人数相对较少、支付能力相对较强的85后到00后为基础的优质市场。

（4）越来越重视产品的知识产权

人们对知识产权越来越重视，用户也开始形成对内容支付和买单的习惯，很多互联网公司也在产品闭环中纳入价值的体系，这都是令人欣慰的进步。随着版权大战倒逼市场趋于正规化，增强了内容创作者的创作意愿。版权正规化可以更好地保护内容创作者的利益。法律赋予每个人在智力成果方面的专有权和独占权，这是内容产业大发展的一个大前提。

物质消费向精神消费的升级是大势所趋，互联网的兴起打破传统媒体的垄断，让优质内容脱颖而出；同时，用户付费习惯形成，让内容能够直接变现；最后，国家在版权保护层面的发力让扭曲的市场得以回归正常，进一步强化了原创优质内容的价值。在以上多种力量的推动下，内容产业迎来大发展。

下面我们将从内容产业的角度，看看内容产业的新格局和新趋势。

2. 内容产业链

整个内容产业链主要分三个部分：内容创作、内容分发渠道、最终变现方式。比如《植物大战僵尸》内容提供商、游戏开发商、服务提供商三方是共享信息，业务各有分工。

IP产业链

三个部分:价值创造（IP生产），价值传播（IP运营和渠道），价值变现（面向消费者的IP产品）

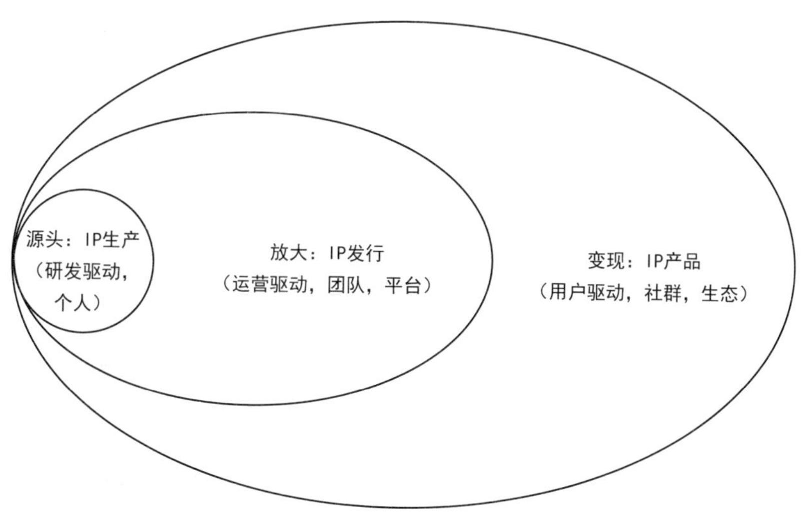

图7-1　内容IP产业链

图7-1是对IP产业的整体描述。

（1）IP生产，研发驱动

第一部分就是源头。IP的生产是由研发驱动的，往往以个人为中心，是个人创作能力的体现，有时需要很强的研发团队。这也是内容产业链里最不可控、最有价值、最难被替代的部分，因为我们很难通过规模化的方式联合众人去写一部《红楼梦》。其中有很多个人主观的能力在里面，所以好的IP都是由个人创作。现在也有一些团队创作出优秀的IP，比如国外电视剧的编剧团队，但最源头的内容往往都是由个体创作出来的。

（2）IP发行，运营驱动

往下面渗透的一环就是IP放大的过程，这部分是由运营驱动的，一般都会涉及IP发行的机构、平台，通过运营的方式把这个IP放大，以各种各样的内容形态进行持续的经营。

（3）IP变现，用户驱动

当这个IP变得有一定价值时，就开始进入变现环节。IP变现就是转变成各种内容产品和衍生品，通过用户方式来提取变现。这个环节主要是用户驱动。事实上，每一个IP都对应一类社群。从整个社会层面来看，这一类体群的需求可能很小，但有着极强的黏性和消费力，通过挖掘社群成员的核心需求，并提供他们愿意买单的内容或服务（衍生品）。

IP变现是内容产业链贯通的过程。当一个IP在某个领域崛起，实现变现就要将其扩大、衍生到其他领域，进行二次、三次乃至接二连三的创作，从一个IP发展成一个IP体系，从一个内容发展成一个内容集群，由内容与其衍生品构成内容影响力。整个IP价值环的相互推动，好比波浪的层层激荡，最终形成IP的影响力。

一般来讲，对比较好的源内容都会做一些改编，比如影视剧、游戏。不同的IP，其发展路径是不一样的，这就要根据IP的特性进行放大和变现。美国的IP基本实现了工业化、流水线式的运作，小说—编剧—电影—电视—音像出版物—游戏—动漫—玩偶—周边—明星—粉丝—社群等全配套形式，整个产业链条也非常成熟，相关配套的团队也非常完善。体育行业的IP运作也非常成熟，比如NBA球星的运作，这也是美国“一切产业都是娱乐业”的体现。

反观中国，虽然有很多很好的IP，但由于公司的运营能力不足，因此变现能力也很弱。

《功夫熊猫》IP来自于中国，无论是熊猫本身还是武术、思想、价值观等，但它由美国团队做出来，然后再赚中国人的钱。迪士尼以动漫产业为起点，延伸出主题公园、动画、图书等众多特许经营产品，从文化领域出发打造出世界级的IP群。

（4）迪士尼IP打造

迪士尼以动漫文化为起点，主营业务涵盖动漫、影视、游戏、图书、主题公园和特许经营产品等各种文化领域（见图7-2），成功打造为世界文化企业和IP经营的标杆。纵观迪士尼近百年的发展历程，从一家动画电影的制片公司发展为全球娱乐王国，最重要的因素就是对旗下IP资源的精心经营。一方面，依托于创意团队，制作出精良的内容产品；另一方面，对内容产品进行反复开发利用，形成“轮次收入”。最终实现单一内容产品的IP化和IP全产业链运营，如图7-3所示。

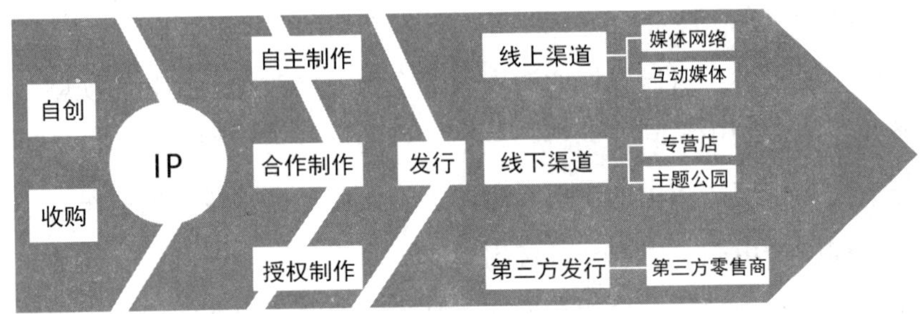

图7-2 迪士尼以IP为核心的运营

IP运营有两个层面：一是做源头，依靠精良的团队做出精品内容，团队来源一靠自己孵化，二靠收购，比如收购皮克斯的迪士尼，加强了公司的内容输出能力；第二个就是变现，反复利用IP，获得长期的收入，支撑产品IP化和IP全产业链的运营。迪士尼从IP的生产到发行再到变现，整个过程非常完整和立体。

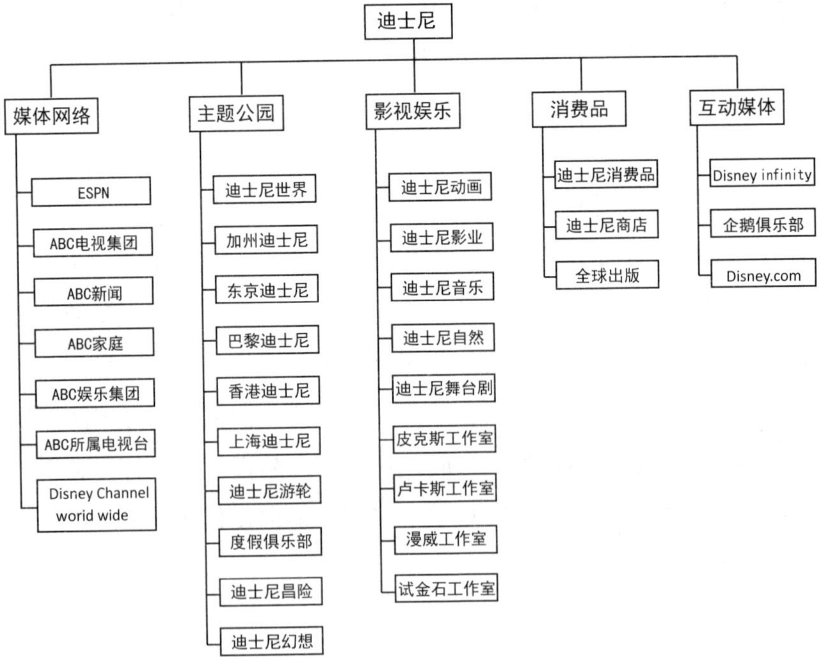

图7-3 迪士尼产业生态布局

再看迪士尼的产业生态，从媒体到主题公园再到影视娱乐，包括消费品、衍生品和互动的媒体，一应俱全。目前国内IP产业链运营比较好的是万达院线，其战略是把电影院作为入口，把会员看成流量，将这部分消费能力较高的会员引入到其他消费场景里——餐饮、娱乐、购物等，让电影院成为一个场景而不仅仅是终端。

3. 内容产业的发展趋势

近几年，网络文学、影视、游戏、动漫等不同的内容形态互相跨界，许多现象级作品诞生之后，整个行业也随之发生了转变。内容产业的发展也出现了以下新趋势。

（1）内容创造：从渠道为王（传媒）到内容为王（IP）

以前分发渠道（比如电视台、出版社）比较强势，渠道为王。随着互联网的发展，优质内容和知识变得越来越抢手，能生产优质内容的人，未来会越来越有价值，产业回归根本。

第一，从粗糙到精细。内容的表现形式、媒体以及内容本身会发生根本性的变化，但是有一些东西是永远不会变的，无论到了什么年代，人们永远都需要有深度、高质量的专业内容，而且这些内容并不是每个人都能生产的。高质量的专业内容必须由垂直领域中真正的专业人士来创造，哪怕从草根群体中逆袭出来的优秀内容创建者也需要经过专业化的培训。与过去粗制滥造、低格调的内容相比，现在内容领域的“高富帅”接连出现，制作精良、亮点频出、进入主流影视渠道的优质作品，如《琅琊榜》《战狼2》等。未来，会有更多制作成本高、制作精细、内容丰满的产品面世。

第二，从引进到原生。以前优秀的IP大部分都是从国外引进的，随着中国在全球化的进程中起到的作用越来越重要，中国原生的IP价值也会逐渐展现，迎来大发展。比如近几年，《盗墓笔记》《鬼吹灯》《捉妖记》等中国特色的网生内容兴起。

第三，从一元到多元。互联网带来的信息对称和扁平化会重塑传统产业链条的格局，在各个环节都会产生新的玩法，推动整个产业逐步走向真正的“百花齐放”，会有越来越多的“人民喜闻乐见”的优秀内容“被”展现出来。

（2）内容传播：从大众传播到裂变式传播

随着互联网等技术的发展，人们获取信息的手段和渠道发生了根本性的变化，传统媒体逐渐式微。以前我们多是被动地消费信息，现在则可以主动地消费信息。人人都是自媒体。我们既是信息的消费者，也是信息的生产者。传播渠道、传播方式的变化，导致传播结构、信息、内容和文化也随之变化。

未来，数字信息内容的全媒介流通，电视、地铁、广播这些传播媒介的区别还原为“音频、视频、图片、文字”等内容形态的区别，当手机、平板电脑、笔记本传播以上所有内容形态的时候，媒介隔阂就被打通。《晓说》《罗辑思维》一开始就是由文字、视频、音频三种形态流通的，一本网络小说从文字转换到视频和游戏的形态也越来越便捷。

在自媒体的时代，好内容会自发形成次传播，即传播是涟漪状、依层级带动的。

（3）内容变现：从单一（广告）到多元

以前内容变现方式单一，主要是广告或者直接购买，观看收费。现在可以是收费用户、虚拟商品、广告和衍生品（形象授权，比如玩具、服装等）等。但出现真正具备全球产业体系的IP运作还需要较长一段时间。

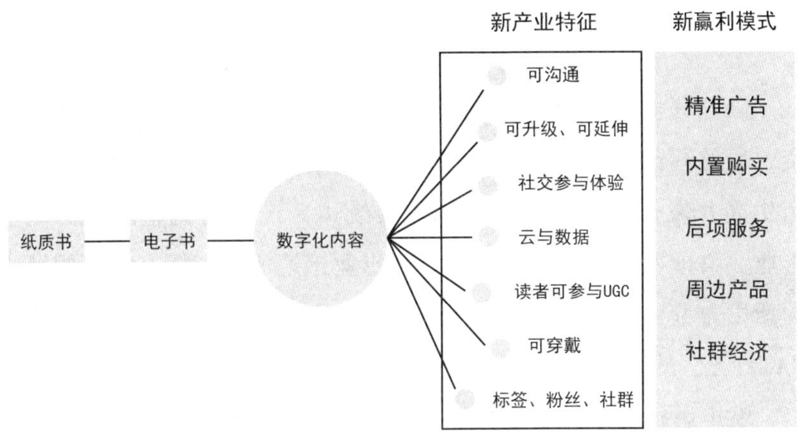

图7-4　传统内容产业vs新内容产业

图7-4以出版产业的新变化来做说明。传统出版业是通过编辑、印刷、线上平台和线下书店进行渠道销售，最后到读者手中，是典型的工业化生产逻辑，不仅制作成本高，周期长，渠道多，而且没有用户参与。但在内容数字化后，就出现了新的产业特性和新的赢利模式。比如小说可以跟电视剧一样，按照章节分享，读者可以只购买一章，如果觉得好看，可以继续购买阅读，如果觉得不好看，不用购买整本书。因为是电子书，就可以根据内容进行广告植入，类似电影中的植入，又多了一种赢利途径。未来，纸质书的出版可能只是整个IP运营的一个环节、一种补充，传统出版业被纳入更大的文化生态中。

以上是从内容生产和创造，到内容的运营以及内容的变现这三个方面阐述了内容产业的价值闭环，并简单描绘了这三个方面新的趋势与变化。下面以电影行业为例，谈一下在内容产业格局和新趋势下，有哪些具体的新玩法。

4. 以电影产业为例，看内容产业的新玩法

以互联网为代表的新商业力量集体进军电影市场，从众筹融资、粉丝营销、在线售座到网络院线付费观看，再到网游、理财等衍生品开发，互联网嫁接起围攻传统电影产业的完整闭环。阿里影业、腾讯视频、乐视影业、合一影业迅速成为闪耀在电影银幕上的新生力量，博纳影业总裁于冬甚至做出“未来的电影公司都将为BAT打工”的论断。

就电影行业的产业链本身来说，在新商业的渗透与影响，集中体现在以下几个环节，如图7-5所示。

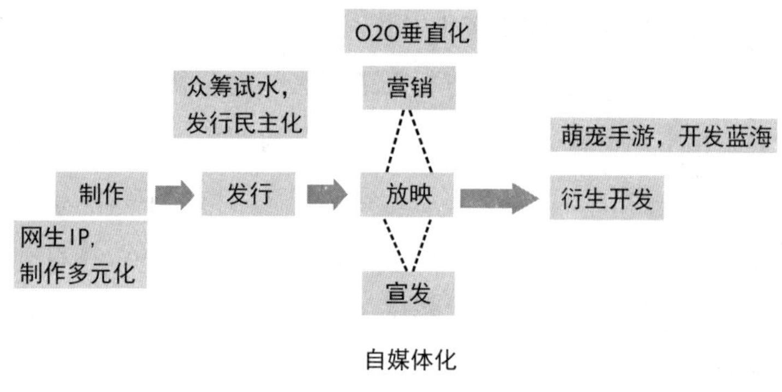

图7-5　电影产业新玩法

一是内容制造和生产端开始出现比较多的原创网生IP。写网络小说的作者其实是很好的内容源，但是一直被忽视。

二是通过众筹的方式进行内容发行。以前很多内容的发行都是大公司和资本来操盘的，而现在很多环节，普通人都可以参与。

三是在营销和推广过程中，电影信息平台也开始参与发行。比

如猫眼电影与《山河故人》团队合作，通过分析历史数据，指导分销，把片子精准发给喜欢看文艺片的群体，取得了不错的效果。

四是变现环节，很多内容都开始做游戏的变现，这也是新商业时代比较新的尝试。

（1）网生内容，创作多元化

互联网将内容产业链条无限延伸，将内容生产和创作衍变为可持续的过程，网生内容借力互联网扩散效应，使得电影制作呈现多元化发展趋势。电影《十万个冷笑话》上映10天，票房便宣告过亿元，突破国产动画票房6000万元的天花板。《十万个冷笑话》诞生于网络漫画，但产业链条被延伸至网络动画、大电影、手游等多元产品，内容影响力也显著提升。

同样，《煎饼侠》的成功根源于对网络情景喜剧和对剧中网络文化的再加工。董成鹏2007年起在搜狐网创办娱乐脱口秀节目《大鹏嘚吧嘚》，又历时四年深耕网络情景喜剧，才有了今天票房爆仓的《煎饼侠》。情景喜剧火爆网络的原因在于它的荒诞剧情给“压力山大”一族带来欢乐，而《煎饼侠》也是叫嚣着“拯救不开心”的爆笑喜剧。显而易见，《煎饼侠》就是拍给情景喜剧粉丝的这一特定观众群体看的。

合一集团计划投资百亿元资金支持网生内容。网生内容具有80后、90后的“无厘头”“萌”“屌丝文化”特质，搬运到银幕后，影片叙事要继承它所附合的人群的口味和时代特征。继承网生内容特质基因的电影，具有把用户和注意力转化为更多票房的超级IP变现能力。

（2）众筹试水，发行民主化

阿里巴巴、百度先后推出各自的电影众筹产品娱乐宝和百发有戏，然而筹足资金赚满眼球的电影众筹在前期只是“看上去很美”。《黄金时代》是百发有戏一期的大众电影消费项目，但最终惨淡的票房让百发有戏遭遇滑铁卢。

电影众筹这一概念伴随《大圣归来》再次进入人们的视线。出品人路伟在自己的微信朋友圈里发了一条消息，为《大圣归来》影片募集宣发经费。89位众筹投资人合计投入780万元，最终获利约3000万元，平均每位投资人净赚近25万元。国产动画电影《大圣归来》也获得中国电影众筹史上的真正成功。出品人路伟坦言：“发起众筹并不是因为缺钱，只是希望在电影行业引入金融的模式。”电影众筹在现阶段尚处于筹人气、筹热捧的试水阶段，投资属性不足。一般电影发行走机构模式，互联网众筹模式让电影发行民主化。一方面实现个人对投资影片的介入，开辟电影融资新渠道；另一方面，投资者是潜在的影片观影者，依托于以个人为纽带的社群力量和自媒体传播拉动票房。

（3）票务平台，渠道垂直化

在线票务平台从电商类平台淘宝到团购类平台糯米，从专业票务平台格瓦拉、猫眼电影到入口类平台支付宝、微信电影票。国内在线票务平台对电影团购的疯狂补贴，票价从49.9元到19.9元再到9.9元，着实让中国电影消费者成为世界上最幸福的观影人群。团购的兴起，让电影成为人们消费得起的文化娱乐活动，是推动中国电影市场票房高歌猛进的不竭力量。票务平台的崛起，是在原有电影市场存量基础上的增量市场培育与开发。随着《电影票务营销销售规范》通知的下发，票务电商从事电影票务的销售业务得到明确规范。电影消费渠道也已经从团购模式步入在线选座模式，围绕观影需求的支点，撬动与之密切相关的消费需求，是电影消费渠道未来的深耕方向。

（4）口碑为王，宣发自媒体化

新上网用户因为同其他用户联网而获得了更多的信息交流机会，梅特卡夫定律揭示网络价值与网络用户数之间的指数效应。从微博、微信的话题营销到《大圣归来》催生的“自来水”群体，自媒体化的价值认同使得个体体验和分享最大化，进而带动前赴后继的观影人群走入电影院。

“自来水”一词随着《大圣归来》的大获成功有了新释义，不同于某些片方雇佣“水军”为影片造势，被影片中关于信仰与成长的故事打动的网民自发为《大圣归来》扩散口碑，并在各大社区“灌水”，他们甚至还在微博上注册一个名为“水帘洞大圣自来水公司”的ID，短短数日，粉丝数已达万数量级。“自来水”们口口相传的话题带来几何级的传播效果，观众不需要制片方的邀请或拼命拉拢，而是自发甚至抱着“送大圣破10亿”的心态走进影院。

朋友圈有一篇让人笑泪交加的刷屏文章：《有个叫熊顿的女孩，来过这世界》，引发很多人走进电影院观看《滚蛋吧，肿瘤君》，这是一部根据漫画家熊顿抗击癌症的真人真事改编的电影，上映两日票房即过亿元。

互联网带来的影响在于去中心化带来的多元手段，虽然关键信息流通节点的弱化，导致营销的难度提升，不再像过去那样搞定几家主流媒体就等于搞定一切。从另一个角度来说，互联网摆脱了传统上强势媒体的信息控制，用户口碑变得越来越重要。去中心化的信息传播模式，如果组织得当，那么产生的影响力能够给影视产业带来几何级数的增长。

（5）IP经营，衍生品产业化

动画电影《捉妖记》和《大圣归来》活跃暑期档银幕，“胡巴”和“大圣”玩偶也大抢风头。拿到《大圣归来》周边商品开发授权的娱猫与京东众筹联合发起“不单给大圣生猴子，更要帮大圣破十亿”的活动，开发了超级英雄齐天大圣、天真烂漫的江流儿、不会说话的土地公公等系列衍生产品。

继盗版光盘沉寂和服装、饰品、玩具等图案衍生品泛滥大街小巷后，国内动画电影还产出带有互联网基因的手游衍生品。2014年年初，春节档上映的《大闹天宫》和《爸爸去哪儿》都上线了手游版本。在影片影响下，手游产品取得了短时间内下载量的爆发。

从高价难买《冰雪奇缘》中艾莎（Elsa）的“公主裙”到遍布全球的迪士尼主题乐园，从萌化少女心的“暖男”大白到进入“黄色高萌预警”状态的小黄人。在美国，一部动画电影的衍生品收入最高可达电影总收入的70%。由于中国电影市场头重脚轻不均衡，产业收入过度依赖制作和发行，版权保护和产品开发等方面则相对薄弱，因此，随着市场的成熟，国产电影衍生品市场尚是蕴涵无限商机的蓝海。

三、企业和个人如何打造IP

企业（个体）即IP。企业的经营行为本身就是符号和媒体，从产品的研发、设计环节开始，再到生产、包装、物流运输，到渠道终端的陈列和销售环节，每个环节都在跟消费者和潜在消费者进行接触并传播着品牌信息，包括产品本身，都是流量的入口。对小米来讲，小米的所有产品都是媒体，对可口可乐来讲，每一瓶可乐的包装也是媒体（个性昵称瓶案例）。企业媒体化已经成为必然趋势，企业需要培养自己的内容IP属性。

媒体即产品。很多企业为此开始进驻各个碎片化的社会化媒介渠道，管理者也纷纷上阵经营起自媒体，但很多人误解培养媒介属性就是把媒介作为简单的信息发布渠道，却未深思“媒体也要产品化”，要将媒介传播本身视为一个需耐心打磨的产品，激发参与感，构建社群才是获得口碑引爆的关键。新媒体与传统媒体的根本不同在于认同。在新媒体格局下，唯有认同才能产生价值。没有认同，用传统媒体的方式，饱和轰炸、喊破嗓门适得其反，冰冷的类广告灌输、夸夸其谈已不再有效。

内容即流量。内容是我们跟用户交流的第一层，而且高频，对主题内容感兴趣的人会被吸引。反思我们的内容是否真正是用户喜闻乐见、有价值的，输出内容、形式是否符合用户的需求和习惯，比如搞分享：大咖、热点主题、知识干货、咨询答疑、内容特享、内容沉淀及反馈等。

1. 好IP是怎么炼成的

从单个的IP来看，优秀的IP应该具备怎样的特点呢？如图7-6所示。

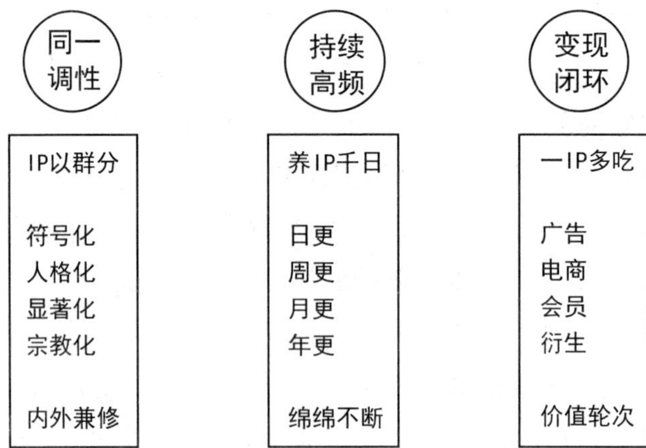

图7-6 优秀IP的特点

（1）同一调性

所谓的“IP以群分”就是IP要符号化、人格化，甚至宗教化，内外兼修形成比较显著的特点。符号化指要有统一的形象，要有整体呈现的设计；人格化指内在的价值观体系是统一的，有自己独特的理念。

（2）持续高频

IP一定要养，所谓“养IP千日”。内容要持续更新，每天、每月、每年，绵绵不断。如果内容停止更新，在这个内容爆炸的时代很容易被遗忘，之前圈到的粉丝和用户很容易就丢失掉，再去获取他们的关注，难度和成本就会很高。能否做到内容持续更新，是目前国内IP运营团队和国外成熟团队的差别所在，国外有的IP持续经营十年以上。这也是我们很难把IP持续高频地去运作的主要原因。

在IP运营上我们还有很大的提升空间。

（3）变现闭环

所谓“一IP多吃”，要有多轮次的收益，形成价值变现的轮次，有广告、电商、会员服务、衍生品等。这些环节一定要想清楚，只有这样，IP的价值才能被最大化。

表7-1对各种不同类型的优秀IP的特点进行了对比分析，基于三个维度：调性、持续高频、变现闭环。

表7-1　从不同角度看优秀IP的特点

IP类型	同一调性	持续高频	变现闭环	案例
动漫 电视剧/电影	角色、剧本	每周一集 N季 电影版、剧场版 （年更）续集	植入、贴片（广告） 票房（会员） 衍生品	《火影忍者》《功夫熊猫》《老友记》
明星	形象定位 戏路	排片 上公告 新闻（绯闻）	形象代言（广告） 明星品牌（电商） 片酬 投资	赵薇 范冰冰
网红	罗胖 有种有趣有料	60秒语音（日更） 视频（周更） 跨年演讲（年更）	微商城（电商） 会员 投资	罗辑思维
企业领袖	人格 产业和管理思想	论坛演讲 媒体访谈、节目 出书 产品发布会	企业知名度（广告） 员工自豪感（会员）	乔布斯 马云

罗振宇其实是一个很有分寸感的人，他把自己打造成亲民、读书人的形象，建立“有种有趣有料”的价值观，保持自己的同一调性；每天60秒的语音，每周的视频，每个月还有很多的系列活动推出，这就是IP的持续高频，这也是很多用户关注罗辑思维的重要原因。罗辑思维的收益除了会员，还有自己的电商平台、培训等多种

业务。罗辑思维的局限性在于罗振宇个人IP的有限性，因此通过做得到APP扶持了很多其他IP，做内容产业的生态。

很多企业领袖、创始人本身就是IP，他们的人格、产业和管理思想，都是他们的调性和内容的产出。他们参加的演讲、访谈，包括上节目、出书，其实都是持续输出的内容。最后变现的方式就是企业的知名度、员工的自豪感和归属感。未来，公司的CEO都应该是超级网红，每个组织都应该围绕企业家进行资源重构，集中资源打造自己企业的超级网红。

以上是对优秀IP共性的总结，一个IP的打造从预热到赢利闭环、价值最大化，实际上有很多关键节点，IP要有持续运营的时间轴，在不同的时间段应该做哪些动作，要抓住关键节点，在每一个具体的IP运作上，不同的IP打法都不一样。

2. IP运营的四个大“坑”

IP运营中也有很多“坑”，我们归纳总结了四个需要注意的“坑”。

（1）养不起

高质量的IP创作、运营，需要大量人力、财力投入，往往有一个“养”的过程。很多人都没有意识到这一点，突然轻易涉足IP运营，往往会跟自己的预期不符。

（2）跟不上

IP的引爆有很多偶然因素，但后续的研发，包括IP持续产品化的能力跟不上，使这个IP没法持续经营，最终导致早期引爆环节带来的用户和收益都没办法得到持续积累。

（3）患不均

很多IP养大后，就发生利益纠葛。比如罗振宇和申音的分手，虽然有很多原因，但一定和利益分配有关。

（4）保不住

知识产权的维权成本很高，辛辛苦苦地研发，做了一个好内容或者产品，但是很容易就被别人抄袭。价值变现、最大化过程还没有完成，劳动成果就被别人窃取。随着版权保护制度的完善和产业成熟度提升，游戏规则越来越清晰，版权问题会得到解决。

3. 人人都是IP

艺术家安迪·沃霍尔做出“15分钟定律” 的预言——在未来每个人都能成名15分钟。考虑到安迪·沃霍尔去世的1987年，互联网的应用还不过刚露苗头，在如此背景下，能够预言当今互联网世界见惯不惊的“15分钟定律”，证明这个波普艺术家确实是能够准确号到时代脉搏的顶级大师。

在移动互联的新商业时代，所有人都有可能成为独立领域的，具备聚合一定流量和变现能力的IP ,每个人都有可视化的流量价值。每个人既是内容的消费者，也是内容的创造者和传播者。在未来，每个人都应该成为他那个群体或圈层的超级网红，每个人都有享受互联网红利的15分钟的机会。

真格基金徐小平对网红的定义是：人类历史上第一代不需要权威赋权，而能够自我赋权的权威。以前社会的知名人物都来自于其他权威的授权和权威媒体的推介。在新商业时代，每个人都可以自我赋权，意味着每个人都可以拥有IP的话语权。为什么可以自我赋权？一方面，互联网传播具有蝴蝶效应，一条不起眼的信息可能引起轰动，而且往往并不取决于大的媒体机构，而是来自于势单力薄的个人。另一方面，互联网的聚合信息和人的再组织能力非常强。比如，过去的音乐行业，是一种10亿人支撑100个歌星的产业机制，通过传统发行渠道和广播系统工业化运作进行。现在1000个粉丝就可以通过付费、打赏等形式养活一个独立歌手，歌手也可以通过自媒体发表自己的作品。

即使不是每个人都能成为超级网红，但是每个人都能网红化生存。每个人通过自媒体的展示，持续输出价值，抱着长跑的心态，运营志同道合的粉丝，最后就能够实现个人价值的最大化。

四、案例：如何把“互联网思维”变现1000万元

笔者通过一个实操案例，聊聊对IP的理解和运营实践。这个IP最早是由笔者的同事赵大伟提出的“互联网思维”。最初是时长45分钟的公司内部培训，基于这个分享课件，我们整理出一篇文章，发布在微信公众号上，产生了几百万次的阅读量。随后在各地区分享这个课件，同时组织大家众包写书，发行图书，对IP进行延伸放大。图书名字为《互联网思维独孤九剑》，我们通过运营这本书，推出一些关于“互联网思维”的培训、咨询产品，在不到两年的时间里，变现1000万元。图7-7就是这个IP打造过程的全景图。

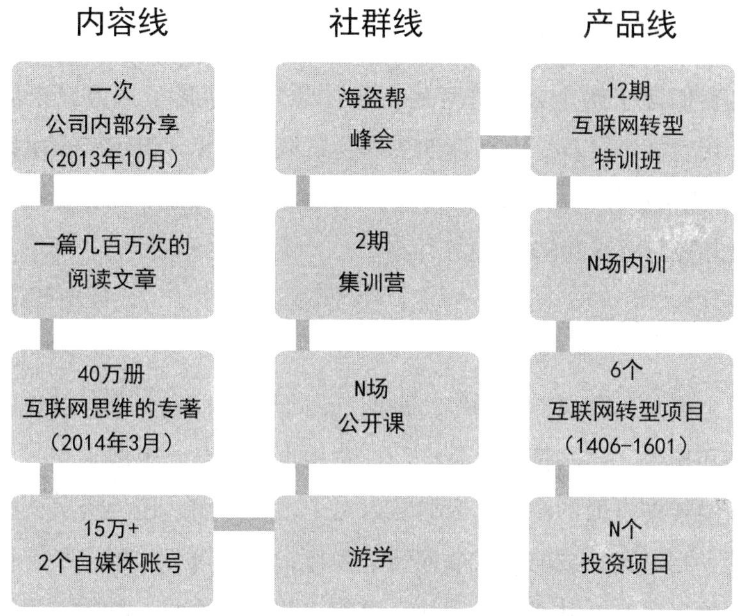

图7-7　“互联网思维”IP打造全景图

1. IP打造的过程

整个过程主要分成三条线。

首先是内容线

最早是《互联网思维独孤九剑》的主编赵大伟在公司内部做了一次分享，分享的内容被整理成一篇文章进行传播，文章的阅读量达到几百万次。基于课件和文章，我们通过“众包”“众创”的新玩法写了一本书——《互联网思维独孤九剑》，这是当时关于互联网思维的第一本专著，截至现在已卖了30多万册。

其次是社群线

我们建了两个公众号开始自媒体运营，聚集了15万以上的粉丝，接着做了社群，包括两期集训营、海盗班等，组织了一次峰会（600多人参与），组织相关客户去硅谷游学、参观，与各行业的人交流和探讨“互联网+”这个主题。

再次是产品线

主要是公开课、培训等，每期三四十人，也到企业、机构里去分享和授课，这些都是收费产品，费用也比较高。也做了一些关于互联网转型方面的咨询，大概有六七个项目。团队还投资了一些早期的、相对比较成熟的互联网转型项目，也获得了收益。产品端的收益差不多有八九百万元，加上稿酬、游学等收益，整体收益达到了1000万元。

2. 打造IP成功的四大因素

为什么会有这样的成绩？从天时、地利、人和与节奏四个层面来分别阐述一下。

（1）天时

图7-8是互联网思维的百度指数页面。第一个箭头所标注的时间是2013年10月份，当时互联网思维这个词的热度还是非常低的。10月份，赵大伟做了一次内部的分享，文章出来后，有几百万的阅读量，可以看到持续推高了全社会对“互联网思维”这个词的关注。

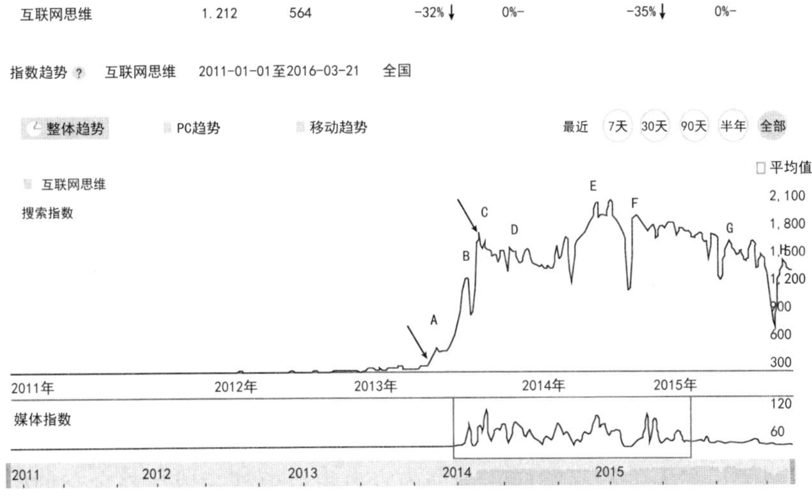

图7-8　互联网思维的百度指数页面

第二个箭头所标注的时间是2014年的3月份，我们第一次开特训班和图书出版的时间，波浪线下面的条形框是媒体对这个词的关注热度。一直到2015年，社会对这个概念的关注度都是非常高的。这张图完美呈现“互联网思维”这个IP的生命周期。

这个热点使我们团队站在了互联网思维的风口上，成为互联网转型、互联网思维领域研究的第一梯队和第一品牌。

（2）地利

为什么这个IP在和君咨询团队爆发？首先，和君是咨询公司，是知识服务者比较集中的地方，对新思维、专业的理念等接受度比较高，传播度也比较高，能辐射到很多客户。其次，和君商学院聚集了几万名精英学子，我们团队的核心成员都在和君商学院讲过课，因此课程能够覆盖到很多优秀的青年学子以及众多相关主题的社群。这对IP的传播和第一次启动起到了很好的促进作用。

这是我们早期运作和冷启动的两个重要的“地利”条件。

（3）人和

IP在发酵的过程中，生长土壤很重要，但还需要推手——推动这件事情的人，第一个是和君咨询集团董事长王明夫先生。他在听完讲座后，就力推《互联网思维独孤九剑》，给了很多帮助，第一件事就是找俞敏洪先生写序做背书，还邀请团队去总裁班、商学院讲课。

王明夫先生的帮助起到了示范作用，后来我们发起众包写书，得到了很多人的积极响应，全书内容也得以迅速完成。易企秀创始人黄金先生做的“和君同行”微信公众号，每天都会推出一些优质的内容，吸引了很多读者和用户。后来，他把这个账号贡献出来，让我们去运作，帮助传播《互联网思维独孤九剑》，为我们的运营带来第一批优质用户。

（4）节奏

这个IP从内容线、社群线、产品线都把握得不错，节奏踩得准，路就走对了。从最轻的内容开始做，从内部分享到文章到公开课再到出版；然后做社群，先做一个30人的集训营，之后做海盗帮，做峰会；最后做产品，从交付比较轻的培训开始做，然后是内训，接下来是比较重的咨询、投资项目等。

在IP运作的整个过程中，对节奏的把握非常重要，能够持续不断地输出内容和服务。从吸引流量到提升用户黏性的社群活动，再到生产能够变现的智力服务产品，都有一个内在的逻辑，而且这三个价值环都是相互影响的。

New Business Times

第八章

新零售：场景创新连接交易

产品即场景，分享即获取，跨界即连接，流行即流量。

——吴声

场景+的本质是连接交易，将一切交易场景化，提高产业、企业和个人的场景属性，形成交易场景，推动交易的便捷和效率，进一步提高“场景触点”的管理能力：更低成本、更有效率、更大时空范围地配置所有交易行为。

移动互联网带来真正的场景革命，大量的业务创新都是因为移动互联网满足了人的场景化连接而被激发，掀起了场景创新的浪潮。

一、场景：人与交易的连接

场景（scenarios）本义是指小说、戏剧、影视和游戏中的场面，在影视剧中。场景是指在一定的时间、空间（主要是空间）内发生的任务行动或因人物关系所构成的具体画面。在商业领域里，场景的本质是连接用户和需求的网络，关键词是连接，主体是用户和交易。用户总是选择最简单的方式获得产品和接受服务，场景则是用户与产品、服务缩短距离的连接点。未来的产品和服务不再是一个静态的概念，而是人们愿意为某个具体场景的方案买单。场景成为赋予产品意义重要的因素。

场景无处不在，以人为中心，在特定的时间、地点和特定的人物关系都存在触点，延伸到商业领域便会引发不同的消费行为。场景通过新的技术、互联网的手段，完成人、货、场的重构。人是消费者，货是产品和服务，场景就是连接人和商品之间的手段，连接线上虚拟和线下真实的世界。虚拟世界同现实世界交错融合，使任何一个生活场景和触点（无论现实和虚拟，线上和线下）都有可能转化为实际消费。

传统电商是把产品从线下实体店搬到线上，但在移动互联网时代，智能设备的广泛应用，把人们的时间分割线碎片化，消费者不再局限PC端的鼠标点击。信息渗透无处不在，消费行为变得移动分散，消费产生在任何不固定的空间和时间。产品和服务更多围绕用户的实际情况和消费习惯进行“场景化”的设计，这突破了以往商品一旦被生产和售卖，商业行为即告结束的局限。

场景的构成要素是以人为中心的连接触点，主要有三个方面：社交（何人）、环境（何时、何地的背景／环境）、事件／状态（动机需求和消费行为）。通俗地讲，连接会触发一定的行为：跟谁、在何时、在哪里、做了什么事情。

首先，场景是以人为中心。场景依赖于人，没有人的意识和动作就不存在场景，使用产品和服务的用户就是场景中的人。是人就会有相对稳定的属性，比如年龄、职业、身份、地位、所在地区、感情状态、性倾向、家庭情况等。人自身属性带来的人与人之间的区分，为场景做了某种维度的垂直划分，比如同性恋社群Blued、女性社群美柚，这些垂直社群维度会成为很有影响力的触点。社交触点的分享、互动和口碑，让你变成碎片化渠道，重新建立消费的基础逻辑。场景与人接触越紧密，用户对产品的黏度越高，服务体验就越好。

其次，用户所处的环境（包括周围的物理环境特征以及文化特征）和时间特征。空间缩小与时间减少是相辅相成的，互联网可以让用户对场景的认知更直接，比如大众点评、团购、外卖O2O平台等基于地理位置的应用成为用户最重要的触点。

人们渴望需求得到及时解决。比如，一对情侣在某地突然触景生情，有对性产品的需求。有一家叫KLZX的情趣用品商城主打情趣用品即时配送，可见对需求的及时解决会成为未来商业最重要的价值所在。优秀的产品和服务不受时间和空间限制，用户可在平台上轻松发送请求，也可以自由接受服务。

最后是人的状态和事件。状态指处在不同的场所、环境、人群中，以不同的目的展现出各种行为和情绪特征，可能并没有指向。比如，在家庭生活的场景，在公司工作的场景，外出休闲娱乐的场景等，不同场景中产生不同的需求和行为习惯。比如，周末无聊、单身狗夜里寂寞、毕业前找工作等。事件包括等公交车、健身、聚会、吃饭、旅游看风景、准备睡觉等，往往有很强的指向性。以色列有一款行车位置社交应用Waze，定位在开车途中的使用场景，人的状态就是行车路途中等待很无聊，事件就是可以跟周围的人进行陌生社交。

人所处的场景会随着环境、时间、状态等动态变化，因此，场景对用户和服务的连接需要实现更短、更快、更高效。

二、场景发展的五个新趋势

新商业时代，“场景+”将会带动产品和服务消费的新市场，场景化的融合让供给直接对接消费者，并用移动互联网进行实时连接。场景化发展是从产品电商到服务电商，从流量驱动到用户体验驱动的过程。

1. 产品电商场景化攻城略地

产品电商竞争非常激烈，各大电商平台都想办法扩展更丰富的品类，提供更多的服务，开拓更多元的渠道，寻找、沉淀流量和线下落地服务。同时，基于移动互联24小时在线、碎片化的特点，电商巨头们纷纷从时间到空间不断进行拓展，产品电商的场景化进程不再只是流量之争，而是一场关乎多种场景拓展与延伸战略之争。

首先，所有电商都主动迎接潮流，纷纷布局抢滩移动互联网。电商在移动端的收入占比首次集体跨越50%，成为电商史上的一个里程碑。各大电商巨头转型初见成效，移动互联端份额开始超过PC端。电商新的发展阶段已来，消费品类从实体产品转向服务，不断完善与丰富。

其次，电商开始执行“引进来”战略，跨境电商成为新的赢利点。在传统零售平台纷纷“触电”的大背景下，跨境电商业务已成为网络零售新的突破点。京东继法国馆、韩国馆开馆之后，全球购业务也正式上线，对于全球“享购”优质产品，京东保证所有产品100%海外发货，假一赔三。苏宁的韩国馆落地苏宁易购云店，消费者可线下体验，线上购买。

最后，渠道下沉，战火从城市转向更广阔的农村。在城市互联网经济红利逐渐消退的同时，农村互联网经济在悄然起步。各大电商巨头纷纷吹响了向农村进军的号角。淘宝开通了农村淘宝频道，联合海信、长虹等企业，将产品电商的战火“烧”至农村。京东启动拍拍小店这一微商项目，帮助企业更迅速地进行渠道下沉，也可以借助拍拍小店，深入到三四线城市的线下个人商家、品牌连锁店、批发市场的档口铺位。苏宁易购已经在农村地区开设了200家苏宁易购农村直营店，依托这些直营店同步在农村展开产品销售与服务。

2. 服务电商场景化如火如荼

消费分为两类，一类是实物产品，有天猫、京东等电商平台，目前已经非常成熟；另一类是服务，必须现场消费和体验，包括餐饮、电影、美甲等，服务的互联网化即O2O的发展如火如荼。消费内容从对“物”的售卖，转为对“人”的服务。只要服务的标准化流程形成，所有与人类生活相关的服务就可以用O2O的新模式实现，包括现在蠢蠢欲动的母婴、家装、汽车后市场等。服务类O2O造就了各种上门服务，上门按摩的“按摩狮”，上门美容的“白鹭美”，上门修车的“易快修”，上门打扫卫生、做饭的“阿姨帮”等。人们从“不出户，知天下”到“不出户，买天下”再到“不出户，享天下”。

过去的20年，连接人与商品的电商企业，不管是京东、阿里，还是唯品会、聚美、途牛等，都赶上了中国社会的消费大升级，所有线下的标准化商业都在互联网上有了对应的企业。但有些东西没办法被搬到线上，比如服务。马云再牛，也得到线下去剪头发，或者让人上门来服务。在产品电商经历了十多年的大发展后，标准化的商品基本上完成场景化，可以随手可得。近几年和未来10年，是服务场景化的时代。家装公司、理发店、美甲店、洗车店、家政公司、洗衣店等，都是直接面对消费者，如河狸家、爱洗车、点到等是线上预订线下服务的企业，不仅节省了固定员工成本，还节省了传统服务业最为头疼的店面成本，真正将服务产业带入了高效输出与转化的服务市场。

一轮红红火火的团购热潮，已经为服务互联网化的兴起打下了基础。对消费者而言，线上设置透明的平台和反馈体系消除了传统线下服务模式中的信息不对称，减少了对服务质量的担忧，降低了搜索成本和服务价格，与此同时，客户还获得了更好的服务体验。对于线下的商家和服务提供者而言，线上引流增加了线下客流量，有利于建立品牌声誉，线上反馈有助于改善服务质量，形成正循环。信息化消费数据也有助于挖掘客户的增值需求。相信接下来会有越来越多的垂直服务领域开始被改造、升级，然后被“搬到”网上。

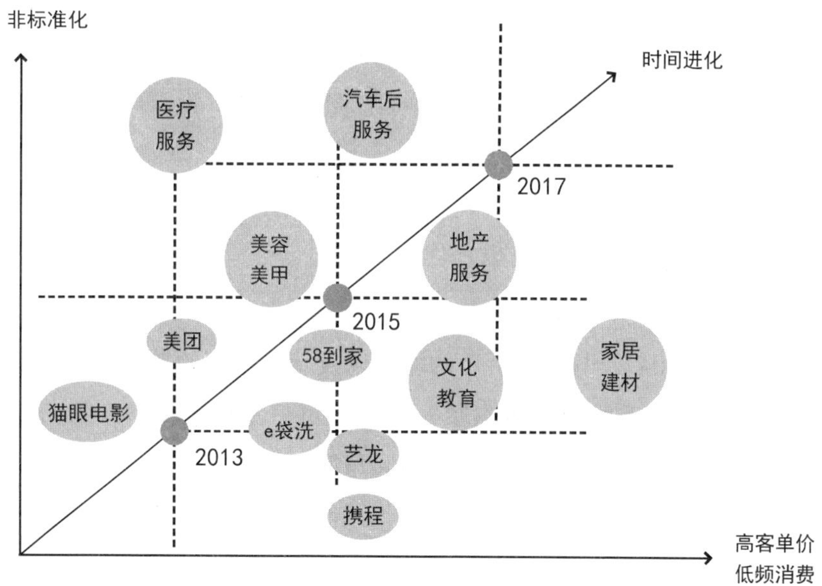

图8-1　场景+的渗透图

图8-1从客单价高低、消费频次以及服务标准化程度这三个维度对场景化消费领域进行扫描分析：在2013年以前，互联网化的服

务是看电影，现在除了“看电影”这个体验动作是发生在线下的剧院，其他所有的动作包括交易、支付环节都可以在线上完成，并出现“猫眼”这个垂直领域的独角兽公司（美团旗下）。还有提供洗衣服务的壹袋洗、团购+上门美甲的河狸家等。在2016下半年，互联网+汽车后服务的创业公司爆发式涌现，从洗车到改装，发展迅猛。

场景化的进程要考虑客单价高低、消费频次以及服务标准化程度等维度。首先，不同的服务有不同的时间间隔和消费频次，偏低频次的上门服务创业项目需要解决更多的问题——如何拓展服务、如何提高用户黏性等。其次，客单价过低就没有利润，过高则会影响消费决策，这些都是需要考虑的问题。最后，服务标准化解决规模化供给和服务体验的一致性，线下服务标准化是解决整个行业问题的关键，能不能提供合格的服务是制约场景化发展的瓶颈之一。未来场景化发展必然是线上线下融合，相对互补，为用户提供完整的消费体验。

3. 从流量驱动到用户驱动

伴随“80后”与“90后”的崛起以及智能手机的普及，支付宝与微信等支付手段越来越丰富，年轻人更乐意用手机管理银行账户，逛网店货比三家，在网上购物并与朋友分享购物的心得。新商业时代的消费心理也在逐步发生变化，他们更注重消费和使用过程中的感受与体验，追求产品或服务与自己情感体验的一致性。

电商发展到目前阶段，注定不再只是流量的争斗、吸引力的争夺，产品的价值已然不再只是价格之争，而是用户体验之争。通过网络赚眼球、拉流量、促转化率、拉消费者，归根结底还是流量经济。但反思电商的本质，到底使消费者产生多少真正的认同和共鸣，它的核心价值是什么，有多少人会形成二次消费，用户跟平台和品牌有没有黏性，这种情况值得深思。

面对现有传统的流量模式，以用户为中心的用户驱动崛起是一种趋势，和用户发生连接，培育用户共有的价值观，培育用户对品质生活与美好生活的向往，从而拥有忠实的用户与粉丝。

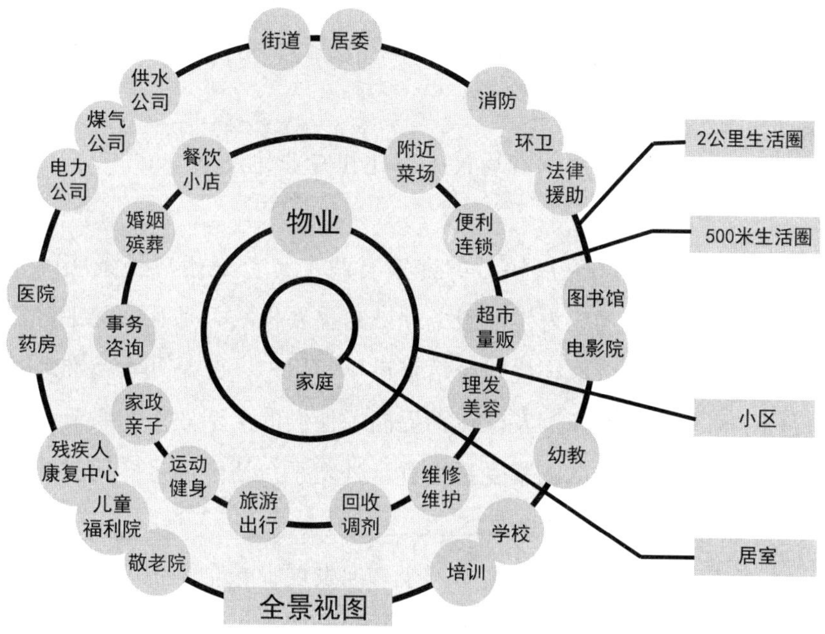

图8-2　社区运营商彩生活的业务全景图

图8-2是中国最大社区服务运营商彩生活的业务全景图。彩生活将移动互联网、云平台等技术与传统物业服务进行融合改造，从而掌控社区最后一公里的生活服务。彩生活的APP终端不仅方便业主们随时随地用手机缴纳物业费、报修等，还是聚集衣、食、住、行、娱、购、游等商户资源的平台，构建了以用户为中心、立体的家庭服务网络。

商业的本质是回归用户。用户的体验、消费场景、对用户的连接、长期经营，才是场景消费的未来。对消费者来说，未来每个场景都将与消费行为挂钩。不管是产品电商竞争中的移动化与跨境电商，还是农村电商的发展，以及各大品类的延伸，还是服务电商的不断渗透和完善，还是从原有简单粗暴的流量转化到以用户为中心的消费体验。对于企业经营者来说，主动应对挑战，以场景化思维来塑造消费者的体验与感受，以消费者的需求为中心，给消费者带来惊喜，商业已经进入一个更为广泛的场景化连接时代。

4. 以外卖平台为例看场景生态化和专业化发展

推动外卖市场发展核心的因素有两个：一是用户场景明确、高频、刚需，外卖成为生活服务领域的重要板块，是互联网平台争夺的焦点，各平台疯狂烧钱来培育市场和用户；二是外卖精准地捕捉到了部分用户的痛点及痒点，提高了他们的生活效率和质量，除了使用户足不出户就能享受到美食，外卖平台还能满足多元化的需求，比如汉堡搭配麻辣小龙虾。

未来，外卖平台势必朝着两个方向发展，一个是生态化，以外卖为切入点，逐渐渗透到相关产品和综合服务，零食类、小吃类等日常消费的品类会越来越多，同时结合生活服务领域的各个板块，提供上门服务。从饿了么的战略方向就可见一斑，即基于送餐线上流量入口+线下物流开放平台，由外卖向更深的餐饮产业链乃至日常消费品配送延伸。外卖模式的演变逻辑和滴滴打车模式相似，都是通过高频品类先圈用户，再变道突破其他品类。

另一个就是走垂直专业化的路线，利用单品实现爆破的小而美公司，比如叫个鸭子这个品牌。还有专门做火锅、麻辣小龙虾的，也可以做产业链的一个垂直切面，比如研发出一套系统，让配送效率更高。

对任何平台而言最重要的还是赢利。外卖平台未来的赢利方向很多，比如固定服务费。当外卖网站规模发展起来之后，用户习惯被培养完成，餐厅的老板就会发现餐厅的外卖生意多数来自网上订单，这个时候平台向餐厅收取服务费和每份订单的提成是理所当然的。除了固定服务费，订单抽成、配送抽成、竞价排名、推广收费，以及未来的增值业务都是可见的赢利模式。

外卖平台赢利的前提条件是要形成规模效益+垄断用户。各大平台拼命烧钱的背后就是要尽快占据最大的市场，形成规模效应，同时对用户进行品牌心智的占领和习惯的养成，最后获得垄断用户。

外卖作为高频入口，产业生态化后的未来市场想象空间非常大，导致竞争持续的时间也会拉长。笔者预计，外卖最后可能也和团购行业的“千团大战”一样，最后形成了“721”格局，老大占据70%的市场份额，老二占据20%，其他平台分食10%，剩下就是饿了么和美团一决雌雄。这个过程必然伴随着“大鱼吃小鱼、小鱼吃虾米”的行业兼并与整合。开吃吧被外卖超人以500万美金全资收购，原团队并入外卖超人，这成为外卖行业的首例并购事件。之后，外卖行业并购潮暗涌不断：阿里旗下的新口碑拿出3亿元投资生活半径，美团和大众点评的合并，饿了么和百度糯米的合并。

无论如何，所有的生意还是要回归到商业的本质，即提高用户体验和产业效率。外卖平台的这场混战总会尘埃落定，但场景化消费在生活中渗透的进程不会停止。

5. 人人都是微商，人人都可交易

平台有赞（此前叫口袋通）与口袋购物，都是估值10亿美金级

别的公司，这是移动互联网带给每个人的伟大机会。有赞微商城创始人白鸦在演讲中说：随着移动社区深入到每个人的生活，很多消费开始被社交行为引导，会因为别人的推荐产生消费。我们身边有人在某些圈子和社交活动中是中心节点，他们对消费有自己的鉴别力和品位。这些人通过自己的社交影响力和品位，引导消费的同时也获取利润。“每个人都开一个自己的店”，通过分享自己的消费清单，通过自己对于商品的了解和鉴别能力引导消费，确实会是未来的趋势。个人成为服务和销售的小前端，供应链大平台解决优质货源和包装、仓储和运输、服务和售后问题。

微商是通过微信、微博、QQ空间、陌陌等社交工具从事商业活动的组织或个人。这样的商业群体与任何传统商业主体的差别就是渠道、工作方式、思维方式、组织方式的不同。

现在微商可以从系统和技术两个层面来赋能。比如，有赞的分销系统自动解决分销利润及结算的问题，每个供货商都会主动去发展分销商。商家每时茶一个月不到，就有了100多个分销商。有赞平台有上百万商家，通过这种自发式推广，很快就会达到用户规模上亿的水平。

场景通过人的快速连接，挖掘、发现、组织原有的需求或新的需求，针对性地推出符合受众群体特性的产品，提供有质量保证的产品、有保障的售前售中售后服务，注重用户体验及需求痛点的解决，从而实现好产品、好服务与目标客户的直接连接。

未来，大部分消费行为都处在动态的场景中。通过“场景+”去丰富产业、企业的场景，实现更大范围的连接，是很多企业转型升级的重要突破方向之一。

三、场景化创新的四个要点

《场景革命》作者吴声提出："因为'互联网+'是大处着眼，'场景+'是小处着手，找到一个非常具体的应用场景，通过场景痛点的洞察，形成场景痛点解决方案的设计，我们就能够定义我们的产品的差异化和识别性。在进一步产品差异化和识别性形成的过程中，我们可以通过各种互联网的形态和方式，去定义我们的热爱者和跟随者。在热爱者和跟随者定义过程中，就有机会运营我们的用户。通过运营和经营我们的用户，我们可以重新迭代出新的产品，重新展出更多更好的、与时俱进的服务能力。这样一种服务能力，这样一种新的产品过程，其实就是这个时代需要的新物种。"事实上这是通过场景营造了一个闭环。

场景可以是已有的、静止的，也可以是被创造出来的、变化的。场景化思维是思考用户需求，寻求解决方案的重要技能。通过场景化的思考，可以帮助我们重新定义用户的真实需求，探索场景中用户、地点、事物之间的内在关系。通过这种方式逐步去理解交易，探索新的连接方式的可能性。

1. 价值最大化：用户全周期价值管理

用户全周期价值管理是指在较长的周期内，用户需求能带来的真实的市场价值（见图8-3）。单一用户全周期价值可以用下列公式进行计算：

用户全周期价值=（周期×客单价×频次）-（用户获取成本+用户维系成本）

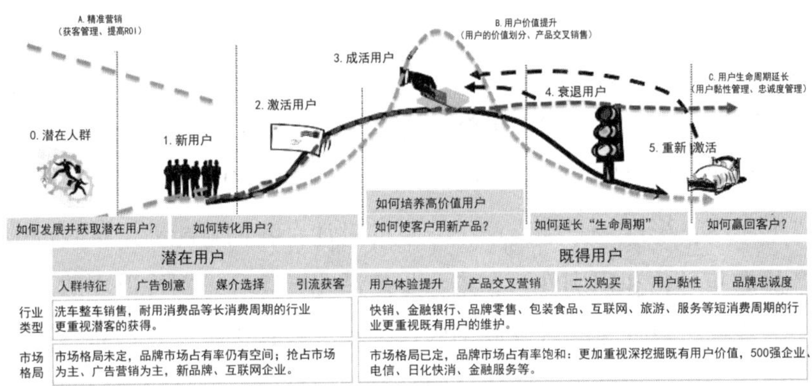

图8-3　用户全周期管理图

（通过从潜在用户到成熟用户，再到用户离开之后激活，对用户进行全生命周期的管理。资料来源：易观智库）

（1）用户生命周期

用户使用产品和服务的时间越长，给公司创造的价值就越大。一方面，即使公司的业务不断增长，公司也要始终提供高品质产品，良好的用户体验是维持用户忠诚度的关键。另一方面，用户的需求会发生转移，在不同时间段有不同的需求，比如家装就很典型，是一个低卷入度、高参与度的需求，即在早期参与度低，在后期参与度高。

（2）客单价

价格过高会影响消费决策的周期和复杂度，从而影响交易闭环的形成和效率。这也是为什么大部分场景项目会先从客单价低的服务切入。随着移动支付和互联网金融的发展，现在用户也能够接受大笔金融的即时交易。

（3）频次

不同的服务都有消费时间间隔和消费频次，大部分的服务项目都是从高频消费开始的，比如美团从餐饮开始，汽车后市场从洗车开始。地产置业是典型的超低频消费行业，因此很多地产商从租房这种相对高频的市场切入。偏低频次的服务需要解决更多的问题——如何拓展服务形成高频的交易触发，如何提高用户黏性等，这些都会大大提高用户的维护成本。

（4）用户获取成本

如何以低成本获得用户成为公司头等大事。互联网公司对很多产业形成摧枯拉朽之势，很重要的一点就是线上集客成本低。随着线上的流量越来越集中，获取线上资源开始烧钱。很多项目早期以大量补贴的方式获得用户，最后变成烧钱大战，如果没有资本的支撑，大部分公司都烧不起。还有一个细化指标——用户信任成本或者教育用户的成本。很多时候，创新的大规模扩散需要一个周期和节奏，在一定规模与体量的用户形成认知和信任之前，需要投入大量的资源。好在中国市场很特殊，新生模式往往会短时间涌现，资本跟进烧钱，快速催熟用户和市场。

为了降低用户获取成本，企业就要进行精准营销，进行全面的获客管理，提高ROI（投资回报率）。用户进来后，企业通过运营，使用户持续活跃、沉淀和转化，提升用户的长期价值。理论上来说运营成本会比拉新成本低，但因为见效周期长，所以往往不受重视。但用户生命周期延长的重点在于用户黏性管理和忠诚度管理。如果用户维护做得好，结合用户体验，会形成另一个细化指标——用户扩散和传播价值，也就是用户的口碑和社会化传播，在人人都是自媒体的移动互联时代，这点尤为重要。

2. 一切皆可见：用户全流程触点管理

消费升级时代，用户体验关乎成败。用户通过一系列的接触点来了解和感知某个产品：视觉效果、产品设计、购物流程、服务态度等，这一系列接触点就称为“用户触点”。

用户全流程触点管理其实是非常生活化的，我们每天经历的方方面面都是，小到银行柜台服务、去海底捞吃火锅等，大到城市BRT交通系统、BRT站台边的免费自行车接驳系统。比如去医院就医，我们大多数人都会体验到一套全流程服务，包括网上预约、前往医院、排队挂号、就医、缴费、取药等一系列触点。通过科学的设计方法，使得医院和病患都能方便、有效地完成整个流程，并且彼此都感到满意。

用户全流程触点管理主要有以下几个方面：

首先，要确定参与人，一般是服务接收者（用户）和服务提供者（产品、服务、系统）。

其次，梳理路径中的主要场景。用户从最开始接触（产品、品牌、APP等），到最终离开，再接触的全过程。比如，以某公司IT系统的场景为例，主要场景有员工入职—日常办公—员工遇到IT问题—员工离职等四大场景。每个大场景下有小场景，比如员工入职（入职前—入职当天）、日常办公（办公室办公—移动端办公—会议室开会—经过电梯楼道）等。

最后，以点带面制作用户体验地图。体验地图是以用户为视角绘制的旅程图，能够直观地了解到用户与产品、服务、系统交互时的状态感知，在不同触点上的体验反馈。从用户操作流、期望、目标、情绪状态等维度进行梳理，定位场景或任务中的体验关键点和洞察点，分析痛点以及建立人物角色。

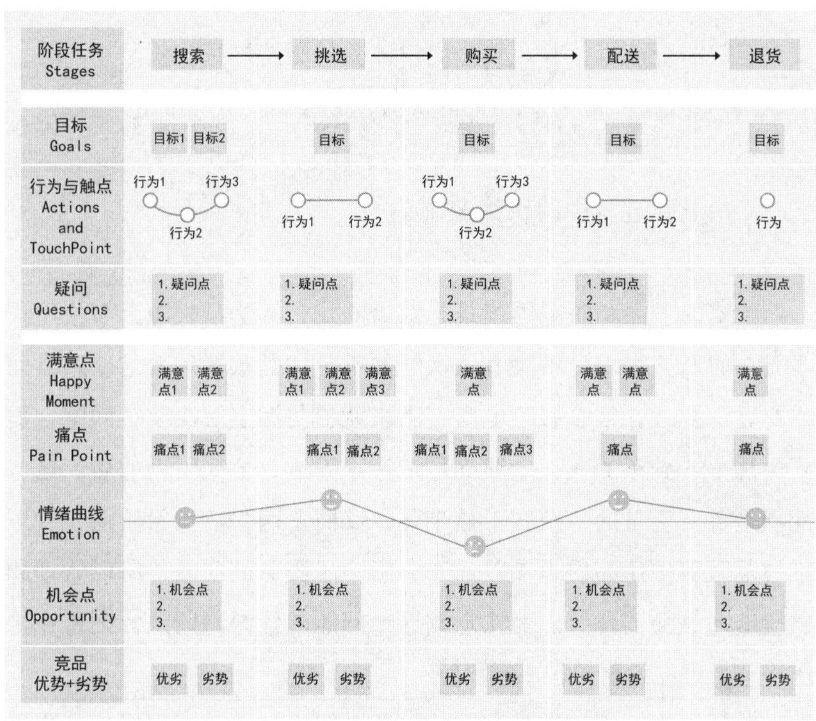

图8-4　用户体验地图示例

（图片来源：青溪Joanna《用户体验地图》）

图8-4就是某个体验地图的示例，最上面是时间状态，下面依次是用户所在场景（这里主要是物理环境），用户的状态和行为，与媒体和人的交互等。

体验地图作为一种流程分析工具，使整个过程链、提炼用户与服务的触点、相关人的参与活动、用户的情感曲线走势等图像化。同时，用户体验地图为场景创新提供了一个全新的视角，可以直观地看到产品的服务过程链，清楚地展示出每个关键触点的人、行为、情绪，了解到哪些地方做得不错，哪些地方还有创新的空间，从而更容易捕获场景创新的机会。

用户全流程触点管理的目标是设计出有用、可用、满意、高效、有效的全流程体验。整个用户体验的塑造过程，就是用户触点的累积。要想进一步挖掘用户的价值，必须优化每一个用户触点。

3. 场景化过程中的供给侧改革

传统的产品和服务的模式与供给方式，无法从根源上解决用户多元化的新兴需求。解决有效供给的不足，是很多场景创新项目面临的真正挑战。很多服务电商一上来就模仿淘宝解决获客问题，但其实洗车、养车的人，一般都是选择家附近、公司附近的店。这些地点是自带流量的，获客不是难题。反而是因为店员素质低、管理不规范、养护用品质量参差不齐，影响了服务的质量，所以管理和供应链才是薄弱环节。而注意到这一问题的仕海联团队，则重在输出管理，现在发展得很不错。

服务需求一端往往是分散的，通过线上的平台能很好地解决需求的汇集和筛选，但如果另一端没有合格的服务提供方，那么流量再大，导出来的成交量也会很低，更重要的是用户体验也会不好。用户体验是真正的竞争门槛，项目要求具备较好的用户体验，随着业务不断增长，用户体验不一致会严重影响品牌和项目的发展。打造极致、一致的全流程用户体验是竞争优势和门槛。

如何解决有效供给，笔者认为有两个切入点：一是非标服务产品化：形成规模化、分级分层供给；二是服务主体社群化：解放手艺人，释放组织效率，形成能力传承机制，提高服务质量。

（1）服务质量和标准化

服务产品化有两个方面：一是标准，二是体系。

线下服务的标准化是解决整个行业问题的关键，是制约O2O发展的主要瓶颈。如果不能给用户提供合格的服务，即使流量再大，成交量也会很低。可见，能不能把控服务的品质是关键。因为一旦不能让消费者对你的服务建立最基础的信任，那么整个模式都转不起来。成功的O2O项目往往是把服务标准化作为前提，携程、团购、大众点评、河狸家、婚礼纪、爱屋及屋等，无一不是抢占了标准化的先机，获得了消费者的认可。

目前国内服务产业的经营模式及服务手段都略显粗放和单一。公司需要通过搭建标准的服务流程、加强服务技师技能培训、制定严格的质量监控体系（录像以及保险）来保障服务质量。

构建以用户为中心的服务体系，针对不同用户的具体需求，推出多层次、多样化的产品体系和服务方式，通过数据驱动，用更精准的服务方式满足不断升级和细化的用户需求，这也是价值创造的新起点。在标准化的高效供给之后，进一步实现服务的有效供给。

（2）服务主体社群化

规模化的另一个难点在于服务提供者。规模化的核心是服务提供者，即技师。他们既是核心资源，也是风险与问题的高发点。因为他们的形象、服务水平以及服务态度都决定了用户体验和服务交付。目前，上门服务的技师团队，主要问题在于人员流动性大、稳定性较差。另外，上门服务也会降低职业安全感。

如何实现服务主体的社群化？一是通过组织方式的创新，改变生产关系，释放服务提供者的生产力；二是解决他们流动性大、稳定性较差、缺乏职业安全感和个人归属感的问题；三是知识的交流和传承。另外，要想提升服务提供者的服务质量就需要强调单兵作战的能力，即服务主体的“特种兵化”，一是要提供专业、特指的实物工具，比如美甲师的工具箱；二是要通过线上工具将服务流程数据化。

（3）上门服务

一是上门时间。由于北上广深等一线城市的交通严重拥堵，影响了上门服务的准时性。为缩短路上的时间并提高按时到达率，上门服务创业公司大多采用广泛布点的模式，技师宿舍即为固定布点，既解决了技师的住宿问题，也可以有效把控上门服务的时间。

二是信任和安全。新兴的上门服务如何获得用户的信任是永恒的话题。目前，上门服务创业公司提供透明化的服务过程和高额的保险来提高用户的信心。虽然移动互联网解决了信息不对称的问题，但在很多服务类O2O中，服务人员的信息是透明的，客户的信息是不公开的，特别是第一次使用服务的客户。对于服务人员来说，这不可避免地隐藏着一些安全风险，需要特别注意。

三是场地与设备限制。由于操作场地有限，一般的上门服务仅携带小型基础设备以及常规配件，很多复杂的服务项目无法进行，这也使得上门服务具有一定的局限性。

4. 场景创新的注意事项

场景聚焦人们的衣食住行用等各个方面，蕴藏着广阔前景和无限商机，众多企业已将目光投向场景，但在场景化的过程中有几点需要注意的事项。

首先是用户思维。新型的场景化方式提供产品和服务，从根本上改变传统以“店”（空间）为中心的产品和服务模式，转变到以“人”为中心，是商家思维向用户思维的转型。好项目一定是依循这种思维的产物。

其次是以点带面。企业要考虑从哪个环节切入，不要一开始就设计一整套长远的价值链，要将主要精力聚焦到一个价值点，切入精准，进行突破，项目才能落地，并迅速建立起所在领域的优势，这样才具备进一步发展的可能性。

最后是操作成本。企业除了要考虑体验要求的技术实现和前端的用户运营之外，还要考虑业务的操作成本。实现用户体验和成本之间的平衡对于企业的发展至关重要，很多企业不断强调用户流量，炒作商业模式的概念，但本身赢利模式模糊，总想着烧钱，出发点就有问题。

New Business Times

第九章

新物流：运力一体化连接

决定一个生态的核心，不是狮子大象，而是微生物。

——马云

去供应遥远的农村、偏远的山区，为那里补货送货。

——刘强东

新物流是新的物流配送方式、新的仓储方式，以及物流所承载的新的服务内容，也是整条供应链上的各个环节运力的相互配合、相互促进。

一、物流的本质是物流节点和运力的连接

物流即物畅其流，本质是物质的时空位移改变。具体来说，物指物品、货物、商品（广义上也包括人）；流指流动、流向、流量。我们处在“流”的世界，物的流动，与资金的流动、信息的流动是一样的。比如，一瓶水从生产、储存、运输（配送）到超市售卖或快递上门，这瓶水在时空的位移就伴随着“流”的发生，经历从产地到消费者手中的实物流，同时伴随信息流、资金流的发生。在产业链和企业价值链中，无时无刻都有“流”的力量。物流的工作主要围绕着“流”的发生，物在不同的节点间进行流转，保

障各个环节顺畅、高效、低成本的协调和连接，是物流行业的发展目标。

物流节点是物流网络的核心，不同层级的物流节点在网络中的地位是不同的。根据其地位、规模、功能、物流水平、服务范围等指标，构成了层次分明的物流节点体系，自上而下可划分为区域物流中心城市（或节点城市）、物流枢纽（物流园区、物流中心）、城配站点（配送中心、货运场站），一直到快递上门的最小节点（见图9-1）。其中，物流枢纽是物流网络中货物流的重要集散中心（网络的集散节点），它既是物流网络中各节点相互联系、相互配合的关键环节，又是关系全局的物流组织和生产基地，保证物流网络畅通、实施调控的联系纽带，还是支持所在地区经济和社会发展的核心基础设施。

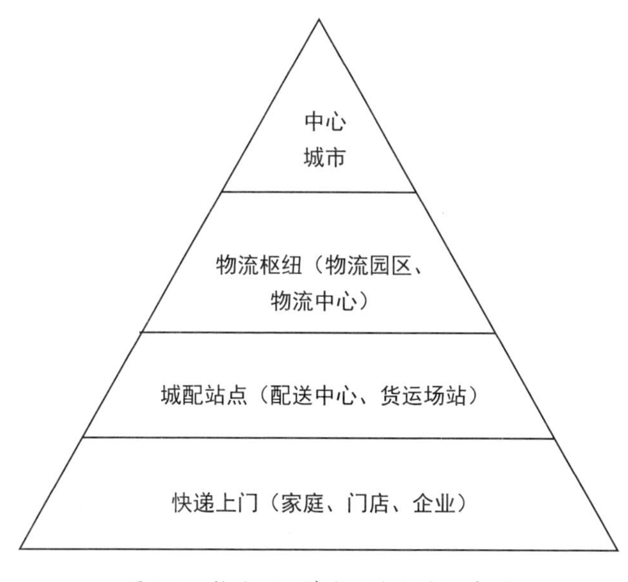

图9-1　物流网络节点四个层次示意图

层次越高的节点，设置数量越少、规模越大、服务功能越齐全，有较强的物流服务、辐射与覆盖能力，拥有集中的物流需求量和交换量，能为服务区域提供强大的仓储、分拨、运输、配送服务功能，更大范围的实物流动、信息流、资金流的辐射等。

物流管理的核心是物流节点和运力的连接匹配。通过运力标准化和互联化，实现运输力量的全程可视化，打造稳定运力池，实现运力掌控，对物流节点进行精准、高效的运力匹配。

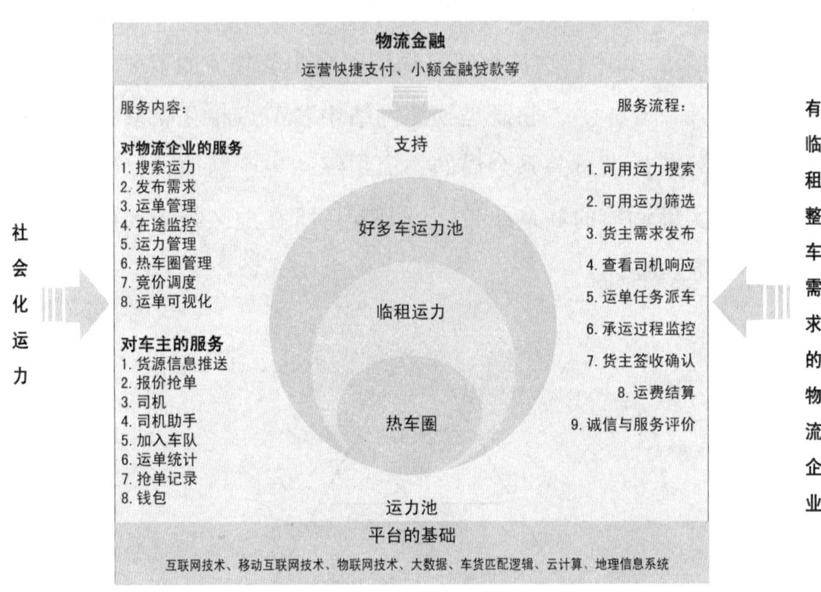

图9-2　好多车物流运力池

如图9-2所示，好多车公司通过三大互联平台，实现运力全程掌控和可视化。

一是长途干线平台与司机生活平台，主要针对200公里以上的干线配货市场，平台主要功能是实现货运信息发布、成交担保、在线支付、车队管理、讯息传送、商户信息查询及优惠券下载等，以此满足货运委托人及长途货运司机配货、消费、社交需求。

二是同城货运配送平台，主要针对50公里以内的同城运输市场，平台主要功能是实现货运信息发布、标准定价、成交担保、在线支付等。满足货运委托人最前一公里和最后一公里的集货和配送需求。

三是物流企业与货主企业的综合交易平台，主要针对省际干线及省内支线运输市场，平台主要功能是实现在线预订货运服务、货物跟踪、运力调度等，满足发货人与承运人之间货源及运力的匹配需求。

总之，物流在产业发展、商业活动和企业经营过程中，发挥着提升效率和优化用户体验的关键作用，是现代新商业的重要组成部分，通过整合、合理配置物流节点和运力，实现运力一体化的连接，使其充分、有效地发挥价值，产生规模经济效应。

二、物流产业平台化整合和赋能式升级

目前，中国物流产业的转型升级处于如火如荼的阶段，部分企业开始跳出自己专注的细分领域，打破信息孤岛，和外部进行互联互通，构建物流平台。但物流平台的发展也面临着政策未落地、信息资源开放度低、市场不规范、竞争同质化严重、人才匮乏、覆盖不全面导致网络效应无法发挥等困难。

未来，整个产业会随着平台化整合进程，不断给零散的企业赋能并推动升级，最后形成新物流的商业格局。

1. 大物流企业的平台化整合

从2013年开始，中国物流产业进入平台化整合阶段。如2013年安能物流启动了中国零担物流的首个加盟平台，阿里巴巴的菜鸟

是电商物流仓储+配送+系统为一体的供应链服务平台，中国物流园区、公路港逐步整合（比如，原天地华宇总裁、传化物流总裁徐水波推出的天地汇模式）等。有的从线上资源整合走向线下传统物流资产布局的“轻重结合”，有的选择长途车货匹配与同城货运的“抱团取暖”。

随着中国物流产业平台和整合的进程，未来的物流平台都会走向“地网+天网”模式。

地网是实体的运营平台。比如，园区是一个节点，是连接骨干线路和区域同城共配的核心，在运营上更多的是资源的对接、信息的协同、标准的建立、增值服务，是一种共生关系。

天网是虚拟的运营平台。没有做天网的园区（林安物流模式已经启动天网的策略，所有做天网的平台之间一定是竞争关系），就可以形成“天网+地网”的整合。其实一个园区节点可以对接多张天网，这就要考验园区运营者的把控能力。

当前天网、地网都处于整合发展期，没有任何一家物流公司能够“一网打尽”。连接靠谱的合作对象，携手构建平台是关键。这个时候，就需要做平台的企业首先要有生态思维，其次在利益上要看长线。

生态思维是指打造多业务平台为一体的生态，孵化各大业务体系，整合各大业务体系的接口，串联整体业务。如苹果打造IOS系统的生态、腾讯打造用户社群生态、阿里巴巴打造整个电商生态等。

物流平台经济玩的不是单一的业务，是以生态为基础的新商业模式，具有长远的战略价值。物流平台经济需要进行商业模式裂变，像阿里巴巴的菜鸟一样（见图9-3），赚的不是交易和买卖的差价，而是从依托这个平台积累的资金流、信息流等其他商业服务中获取利润，信息通路和资源整合将会获得更多的价值空间。依托阿里巴巴生态平台上的众多商家资源，菜鸟搭建了以社会化为核心，分布式、可拓展的物流平台和物理信息系统，从而为平台生态参与者提供便捷灵活、性价比高、快速响应、高质量的物流服务。

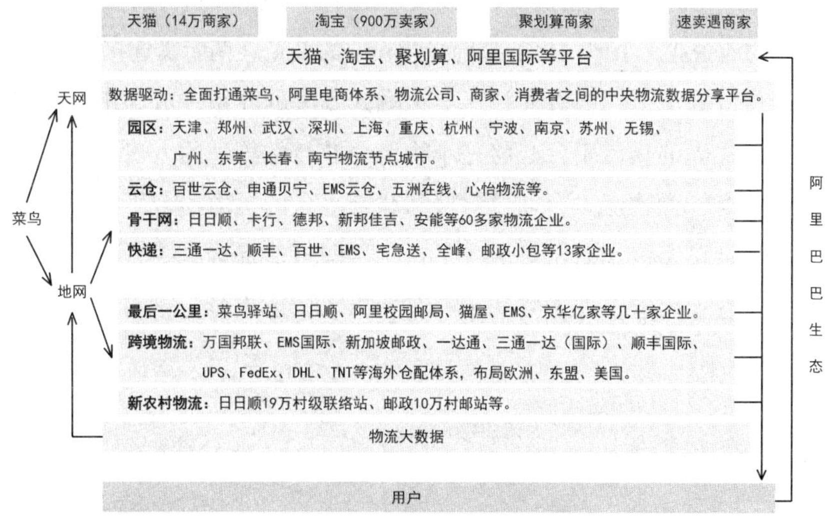

图9-3　菜鸟的物流生态全景图

类似于客运行业的发展规律，科技平台型的租车公司（如滴滴专车）的行业集中度和运营规模要远大于传统的出租公司。未来物流行业平均行业集中度和业务规模越来越大，只有少数企业有能力独立自建运营平台和融资平台，绝大多数的企业将依赖于物流生态平台化的服务能力。

在赢利方面，物流平台要有全局和长远的眼光，在建立初期，平台可能要放弃部分业务的利润，进行全面的布局。近期利益主要是从基础运营中获取，包括会员服务、交易费用、停车及服务费用等。远期利益是用户大数据的价值、诚信体系、卡车后市场、金融与融资租赁等。想做生态的企业，要看远期，不赚眼前的钱。

2. 小物流企业的赋能式升级

马云说过，决定一个生态的核心，不是狮子大象，而是微生物。驱动中国物流发展的不仅要有龙头企业起到带动和标杆作用，还需要中小型物流企业、个体司机的整合经营模式的变革，两者需连接起来。

传统物流公司要么死掉，要么融入到大的体系，成为平台的组成部分。大的物流平台必将是小物流企业日常管理的入口和运营中心，同时，大物流平台通过对接和联合平台的运力撮合平台、物流金融平台以及汽车后市场服务平台，共同打造综合解决方案，为传统物流企业赋能，并最终切入汽车后市场，形成多元化赢利点。如图9-4所示。

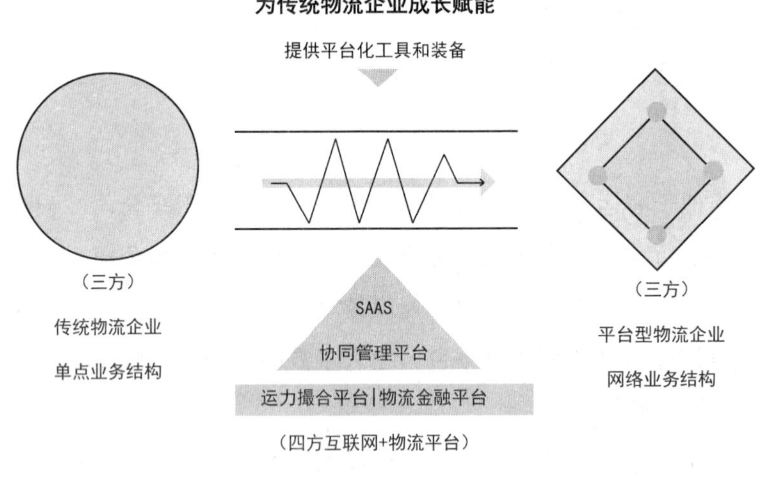

图9-4　为传统物流企业成长赋能

（本图作者为上海融链科技有限公司总裁雷湘，授权物流指闻发布）

（1）运力撮合

很多物流企业的交易服务主体具有熟人属性（通过人情关系连

接），日常运营和交易主体主要在自有的熟车运力池中，陌生运力很少。车货撮合平台的陌生人属性，其价值主要是信息层面的，为企业寻找陌生运力打破信息不对称，而非实现交易。

（2）数据协同管理

为解决企业的平台运营是很多物流企业运营与管理的入口，其汇集的指挥调度和运费结算等核心权利都集中到SaaS平台，形成巨大的势能。平台上积累的海量数据天然形成数据金融的增信入口。

（3）物流金融

与SaaS型平台进行深度合作，真正掌控企业的实时业务经营和资金流情况，做到以数据为中心的真实业务见证和大数据金融，再结合资金优势，给物流公司融资，才能取得长足发展。否则，如果其风控方法不能突破企业信用担保和资产担保的限制，不能形成规模化效应和效率提升，最后只能服务于知名大企业。

在拥有大量车辆资源并完成信息、数据和金融的一体化整合的情况下，平台企业就成为进入汽车后市场消费的最佳入口，可以对个体运力的汽车后市场的行车消费进行反向定制（C2M），从消费中获取长期收益。

“互联网＋物流”的代表性项目福佑卡车，就是一个整合货主货物、物流经纪人和司机的平台。通过三方的资源匹配，以互联网的理念、手段和技术进行连接，提高原有物流生态圈的效率，提高货车的使用效率，通过互联网信息聚合，有效匹配货运资源，减少空车返程。一位司机要在单个地方拉到“回头货”，之前要等三天，现在通过互联网平台，一天或者半天之内就可以找到。减少无效时间，每位司机单月多跑一倍路程，收入也翻倍。

互联网平台打破信息不对称，省去了多个中间环节，使货主的运费大大降低，大大节约了物流成本。以上海到北京的货运为例，平时一车货源要倒几次手，每倒手一次增加10%的运费，而平台直接显示一手货源，费用是之前的70%。

现在我国的物流平台处于“战国末期”，群雄争战。未来大物流网络、多平台、生态整合会是趋势，保守的思维和模式即将被颠覆，传统的物流企业要么主动整合，要么被整合，依托平台进行转型升级。

三、新物流发展五大趋势

新商业时代，物流行业的用户需求、服务理念、管理手段、服务内容、产业模式和服务发生显著变化，重塑传统物流业成为可能。

1. C2B新需求推动物流变革

伴随着电子商务的发展，新的互联网经济将传统2B的业务变革成2C的业务，打碎后的物流服务倒逼行业变革。未来的物流体系能满足“购物场景碎片化与交付地点动态化”的需求，“北京机场下单杭州机场收货”将变为现实。新需求为物流行业注入新鲜的理念和思维模式。以前是被动服务，以满足供方利益最大化为导向。现在是主动服务，以满足客户需求为导向。比如，通过数据统计、分析，筛取客户和商家需求，提供量身定制的物流方案。把握计划与即时订单市场将起到关键性作用，过去的供应链是存货驱动市场，未来将是C2B模式主导物流，渠道库存会大量减少，流通效率会替代仓储空间。

以电商客户发展起来的圆通速递为例，旗下圆通新龙依托圆通速递的行业积累，通过整合行业资源的方式，通过其基于配送的仓配一体服务平台和直销网站，向电商客户提供一站式物流服务。

首先，快速打造高效率的、基于配送的仓配一体服务。圆通新龙通过运作信息化协作平台整合全行业的仓配资源，将自有仓、分公司的加盟仓、社会闲置的仓储、配送资源及合作电商的自有仓库汇聚起来，进行统一管理，进一步降低仓储成本，提高效率。通过数据分析，将仓储资源和电商需求端的配送需求进行精准匹配，根据地点、时段、速度等维度，对仓储资源进行“物尽其用”的分配和使用。相对于集中式仓储，分布式仓储配送速度更快。

集中式仓储完善仓储标准和品质控制标准，分布式仓储建立统一的备调货系统，能提升末端宅配效率和服务质量，使电商客户得到低成本、高效率、个性化的服务。如图9-5所示。

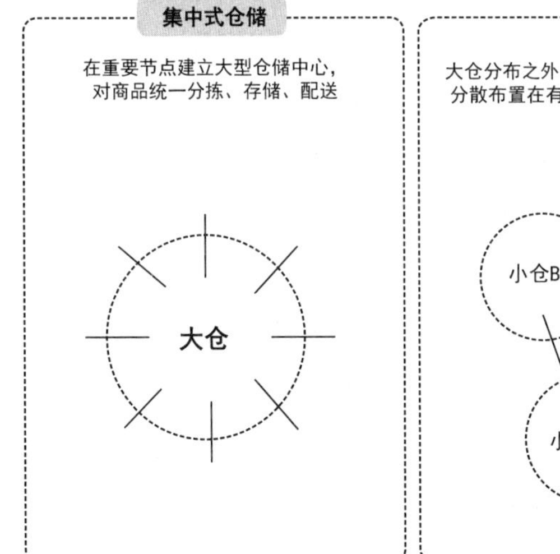

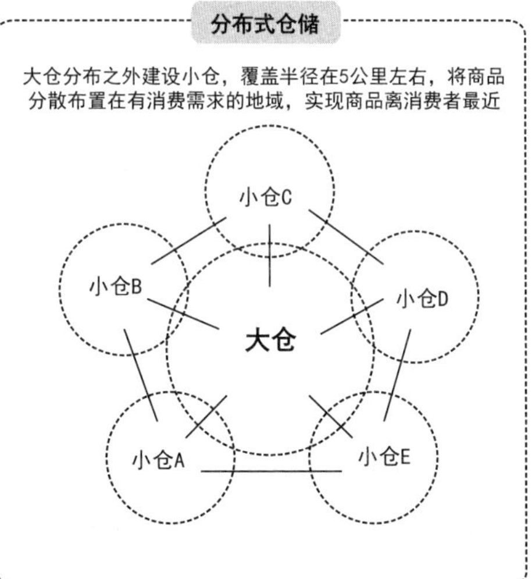

图9-5 集中式仓储与分布式仓储

（来源：汉森商学院，物流指闻整理发布）

圆通新龙通过自主研发的仓配一体管理系统，确保各个加盟仓的操作符合标准，并在全国设立三大标杆仓作为加盟仓成员的培训基地。通过规则设定、系统支持和质量管理来运作仓储资源。

其次，建立新龙直销平台，为圆通新龙客户进行清仓销售，即客户的货物直接在新龙直销，不用进行实体移动，帮助消费者直接和生产商对接，解决生产商库存的问题。圆通新龙结合配送仓储服务和直销网站，帮助企业大大节省物流成本，打造高效供应链体系。

（案例来源：根据IBV对圆通新龙总经理孙建访谈记录整理）

2. 互联网新技术推动智能化、无人化

伴随消费者消费习惯的改变和商业模式的升级，大数据、物联网、云计算、机器人、AR、VR、区块链等新技术也在快速发展，驱动物流在模块化、自动化、信息化等方向持续、快速变化和升级。

新物流的本质是将互联网理念、技术注入传统物流产业，使物流各个环节在线化、数据化和智能化。在应用层面通过技术、设备、商业模式的创新，推动传统物流业运作方式的改变和效率提升。

以京东为例，京东物流网络以青龙系统为中心，结合京东大数据（京东大脑）、LBS、机器学习、智能硬件、移动互联等技术，驱动物流节点包括仓库、分拣中心、配送站、配送员等，

物流是劳动密集型行业，但未来的物流一定是无人设备为主。今天的物流系统由轮船、飞机、货车、仓库和人拼接而成，未来的物流系统将会大幅引进自动化系统，包括无人机、送货机器人、自动驾驶汽车与货车、全机械化仓库等。

京东物流实现机器人分拣，比传统人力分拣效率提升2倍，成本下降16%。无人机送货开始在部分地区投入试运营，截至2016年

底，京东无人机已完成超过1万分钟的飞行总时长，近万公里的飞行里程，超过1000架次的飞行次数，勘测确定超过10条航线。

无人仓是由机器人（搬运机器人、货架穿梭车、分拣机器人、堆垛机器人、六轴机器人、无人叉车等一系列物流机器人）、人工智能算法和数据感知网络构成的全自动、机器人相互协作的仓储。其存储效率是传统横梁货架存储效率的10倍以上，并联机器人拣选速度为3600件/小时，相当于传统人工的5～6倍，仓储单位面积效率提升5倍以上。

京东借助无人仓、无人机、无人车等无人化科技，将新物流从概念变成了真实的应用场景，无人技术也带来了运营效率的全面提升。未来，无人车能够通过人工智能准确获知用户轨迹，完成移动配送。

京东对于智能物流的规划分为自动化运作、数据化运营、智慧化供应链三个层面，最终实现全智能无人化。通过加强大数据网络规划和供应链的深度协同等技术，让京东供应链具有自我学习、自我迭代、自我决策的能力，让京东的效率、用户体验达到全新水平。从2007年京东开始自建物流至今，已过去10年时间。曾被外界诟病为压垮京东模式最后一根稻草的物流，不仅成为京东用户体验的核心竞争力，还会成为京东的利润中心。

物流管理是一个系统协调的过程，其中，数据起着关键性的作用，物流数据成为新的行业价值点，一个绝对的新商业财富领域。未来的物流管理是数据驱动的供应链，信息逐步代替库存。C2B模式的驱动，更需要以数据为核心。从马云对菜鸟的定位可见一斑，菜鸟自己不干物流，而是整合物流服务，获得数据和信息。过去数十年，中国的物流企业根本不重视物流数据的价值。每个包裹、每辆卡车、每个时间段的动态信息都会与成本、时效、KPI数据相关，这些数据背后蕴藏着商品的流通动态，通过动态数据可以实现海量的数据分析。

我国物流业将进入以数据化、网络化、智能化为主的新常态。各路资本和技术云集物流，推动虚实结合的物流平台成为行业升级的突破口，不仅提升中国零售行业的流通效率，降低社会化物流成本，还打造了最优的用户体验。充分利用互联网、物联网，打造全新的商业模式是企业在竞争中脱颖而出的重要对策。

3. 运力众包，共享经济新模式解决“最后一公里”

因为离终端用户最近，“最后一公里”物流是兵家必争之地，具有控制供应链的价值。把握B2C（同城快递、电商、外卖/下午茶、鲜花/蛋糕等）与C2C这两大类别在业务中的优化配比是该赛道优胜者的获胜砝码。其中，众包物流新模式成为行业趋势，大量创新企业进入，比如空间客车、人人快递、达达、京东众包、闪送、E快送、您说我办、51送等。

以京东众包为例，作为O2O物流运力平台，联合线下实体超市、水果店、鲜花店，做2小时到家服务，一端对接京东到家、饿了么等平台，获得配送服务需求订单，大量的实物订单带来对3～5公里取送配送服务的需求。另一端通过组织闲散的社会运力，以众包模式满足配送需求。由于京东配送体系面对的是京东B2C业务，讲究的是波次集单、自动分拣、规模化移动以提高效率，因此无法满足O2O订单的配送服务短距离取送、时效高的需求，也无法按照时间波次进行集单、分拣，难以构成全局的规模效应，人效低，成本高。

亚马逊的出租车配送包裹服务，通过平台把社会上闲置的出租车运力资源用来配送包裹（同城或邻市），利用出租车运力来解决

“最后一公里”，相比UPS（美国快递公司）和联邦快递的配送，出租车配送可以提高亚马逊的配送响应速度，降低成本。

优步（Uber）虽然是做出行共享平台的，但因为具备运力（运输能力），也可以做物流生意。在美国，Uber已经推出了同城快递服务Uber Rush，Uber用户可以像叫车一样叫快递，然后由Uber的司机将物品派送到目的地，用户可以看到物品预计到达的时间和物品的实时位置。Uber还推出了Uber Essential（家庭用品配送应用）和Uber Eats（送餐应用）等服务，涉及了日常用品的送货、送餐等领域。

滴滴围绕一站式出行平台，进入送快递、送外卖、生鲜、商超等领域，比如，跟饿了么合作，开发一键叫小龙虾，还有打车看房，呼叫医生上门；滴滴与马蜂窝合作开发旅游等，从移动出行平台向上下游延伸，基于现有的业务逻辑和平台规则，逐渐成为一个移动出行的综合入口乃至生活O2O的生态企业。

长期来看，城市内的“最后一公里”递送，由于节点太分散，用共享经济的新模式来整合、优化匹配社会化运力，不失为恰当的解决方案。

4. 海外跨境和农村下沉拓展新市场

传统的物流产业侧重点到点或线到线的服务，服务能力和服务半径区域非常有限。未来，随着新物流产业的发展，跨时间、空间，跨区域、行业的物流需求激增，促使物流资源的整合能力不断增强，物流网络、功能不断拓展。其中最重要的是海外市场和农村市场。

全球化推动海外电商物流成为热点。大量的海淘平台兴起，海外电商将迎来新的爆发机会。不管是阿里巴巴，还是京东，都不会轻视海外市场，因此基于海外电商的综合物流服务将成为热点。从

2013年起，顺丰、申通布局海外业务，深圳一达通全面渗透海外电商供应链综合服务。从这些信号可以看出，商业机会推动物流行业新的发展趋势。

农村物流平台迎来商机。刘强东提出“去供应遥远的农村、偏远的山区，为那里补货送货”。从阿里巴巴投资海尔，顺丰优选全网铺开的动作看，剑指农村物流大市场，农村电商、农产品电商将成为重点。农村电商在城镇化发展的推动下，是一个至少具备7亿人口开发价值的超级大市场。谁想占据农村电商物流这个大市场，谁就必须解决运输问题，深度触达市、县、乡、镇，实现物流+本地化服务，打造中国物流无死角、全覆盖、全国性的运输网。

5. 增值服务赢利是主流趋势

传统物流产业内部分工一般是水平的，各种运输方式之间以孤岛形式存在，服务内容较为单一。随着服务内容的多样化，靠传统价格差价赢利的物流企业越来越少，靠增值服务赢利成为必然趋势。商业本质上有共通性，肯德基不是靠卖鸡腿赚钱的，靠的是它庞大的商业地产。同理，未来的物流企业本质上都是提供综合的供应链服务，信息服务、数据服务、供应链金融服务等将是物流企业新的生存模式。围绕物流价值链与增值服务价值链构建自身的业务产品线。新商业时代的新物流以解决客户需求为目的，整合运输、仓储、配送、加工、物流咨询等多种物流服务功能，同时辅之以信息、保险、融资等物流相关领域的物流服务内容。如图9-6所示。

典型的案例就是顺丰，借助自己强大的物流能力和获取用户订单的业务，可以进入生鲜电商（顺丰优选），进入终端零售（嘿店，虽然不太成功，但说明具备这个能力），进入金融领域（有上游服务的商家数据）等。

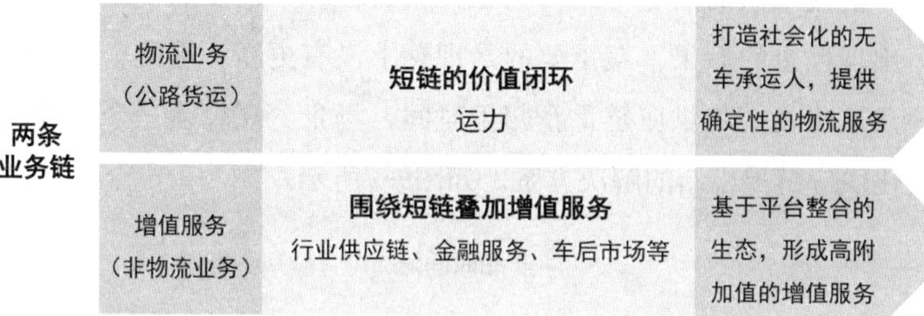

图9-6　物流企业的两条业务链

物流行业利用移动互联网+大数据+金融+标准化技术等，将多维度的新技术融为一体，推动物流行业变革，进行供给侧改革。社会化运力的共享经济新模式提高在城配端进行供需的匹配；物流产业发展使得物流节点和运力可以渗透到新的区域，实现更大范围的连接，特别是海外和农村。金融、汽车后市场和其他衍生服务，将成为物流平台利润的新来源。类似京东物流，这种拥有无车承运、平台化运营、多元化赢利以及科技+金融密集等特质的公司是未来成功物流企业的画像。

四、案例：物流即仓储——用时间换取空间的物流一体化

某公司的主营业务是餐厨油品销售，通过传统的线下商超、便利店等，线上的天猫、1号店等渠道同时开展业务，线上线下业务体量相当，但两者的供应链方式却是传统物流和新物流之间的区别，导致物流环节问题很多。

经过梳理，发现这家公司的传统物流流程很完整，但并不代表

协同效率高，职能部门之间或多或少存在着信息沟通、工作协调等问题。这些细微的问题不进行纠正，就会在环节众多的供应链上积累，出现严重的后果，最重要的是理念上没有更新。因此，我们从用户角度出发，将供应链重新归于时间、场景、现金流三个维度，为优化供应链提出新的解决方案。如图9-7所示。

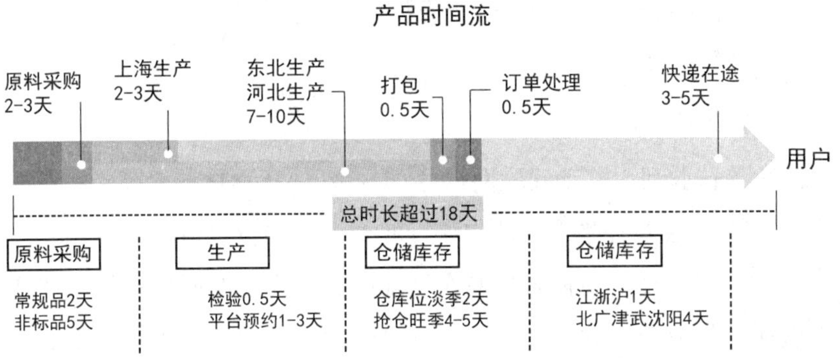

图9-7　某餐厨快消品的物流环节

其中最重要的是时间视角。之前的物流流程是以空间分割的，从原料产地到厂房，到仓库，到车上，到渠道的仓库，再到用户手中。整个流程没有考虑从原料到消费者手中需要耗费多长时间。传统线下渠道是展示货物，等消费者在现场选购。但现在是先有用户订单，再进入物流调货环节。从用户的角度来看，用户体验是由下单的那一刻到货物到家的时间来衡量的。京东的核心竞争力就是通过一体化的物流缩短配送时间，同城可以实现半日送达，形成了很强的竞争壁垒。因此，未来的供应链时间大于空间。只要是产品在用户使用之前都是库存。在这一新理念的指导下，我们以时间为核算单位，重新梳理整个流程，分析每个环节，在时间上进行优化，保证在最短时间内把货物送到消费者手中，从而大大提升了用户体验，同时降低了物流成本。

New Business Times

第十章

新金融：连接重构信用体系

未来的企业都是金融企业。

——用友王文京

比特币天然不是货币，货币天然是比特币。

——题记

一、金融的本质是通过信用跨时空连接资本和资产

无论怎么创新，金融本质上都是在风险和收益之间通过参与者、地区、时间等，围绕交易（出钱、出力、获益、移交）的转嫁和分配。用陈志武先生在《金融的逻辑》中的说法：金融的本质——跨越时间与空间的价值交换。金融的意义在于让资本供需双方的期望效用在时空维度上最大化。

金融经常被定义为银根或资金融通，这一定义在金融的简单状态下还是合适的，人们还没有广泛地把金融作为一种投资渠道，金融在整个社会经济中最基本的功能仍是融通资金。随着社会和科技的发展，重新定义金融要考虑到现代新金融的典型特征，如风险规避、经济调节、信息传递、公司治理、引导消费、区域协调和财富再分配。因此，用传统观点来界定现代金融有所偏颇，将妨碍对金融核心内容的全面判断。金融最核心的内容有三个方面：

第一，金融的核心价值在于克服由于信息不对称导致的逆向选择和道德风险，为有钱人理财，为缺钱的人融资，从而提高资源的流动性，优化配置。

第二，金融的核心要素是信用、杠杆、风险。金融首先是一种信用活动，信用是金融的内核，特别是现在新技术的发展日新月异，市场化的进程势不可挡，信用得以被更广泛、更快捷、更安全地连接。连接信用的工具和交易活动是金融的载体，在连接过程中会出现杠杆和风险。

第三，金融的核心特征是服务业。金融是为产业、实体经济服务的，如果不为实体经济服务，就是泡沫。任何企业和产业都离不开资金流，金融服务是企业资源配置的引导性力量，金融行业也是产业的基础性要素。在这个意义上，金融业就是服务业。比如复星以资金作为核心要素，渗透到各个产业，从消费到旅游，从金融服务到房地产等。

二、消费金融的渗透和产业金融的整合

从金融的整体发展格局和趋势上看，金融产品与消费场景和上游产业链的结合进一步加深。前者是让金融渗透到每个人的日常生活场景中，推动普惠金融的发展；后者是产业与金融结合，提高产业的整合度和流动性，推动产业的一体化发展。

1. 消费金融的需求端升级

金融一直以来都是高高在上的，触达更多的是国有企业、大型

民营企业和高净值人士。现在，随着金融的发展，个人消费已经渗透到我们生活的各个领域。

消费金融产业链包括上游的资金供给方、消费金融服务商和消费供给方（消费场景），以及配套的监管机构、征信机构和催收管理机构等，如图10-1所示。

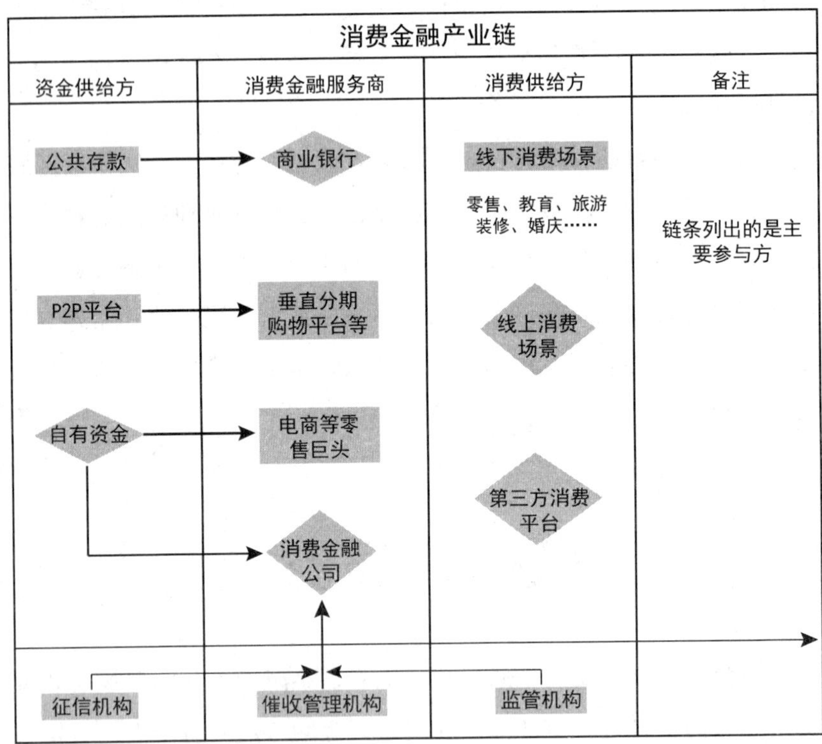

图10-1 消费金融产业链（来源：零壹研究院制图）

其中，资金供给方主体呈现多元化特点，资金来源方式的创新较多，除了消费金融服务商的股东、消费金融服务商的资产受让方，还有应收账款、小额信贷为基础资产证券化，以及P2P网贷平台投资人等。配套第三方征信与评级是消费金融服务提供商风险控制的关键环节，但目前国内信用体系建设滞后，个人征信与信用评级体系处于缺位状态。下游的催收方是专业的催收公司，坏账收购方是专门收购坏账的金融机构，现在也慢慢地走向正规化。

消费金融服务提供商包括银行、互联网消费金融公司（大学生消费分期平台、P2P网贷平台等）。这些服务商都是围绕线上线下，或者第三方的消费场景展开业务。

互联网对金融产业链的渗透正在由获客渠道深入到信审风控等各个环节。从竞争上看，细分垂直领域的竞争在于对特定消费场景的把控能力、对目标客群的低成本触达能力和风险识别能力。传统金融机构、互联网巨头和创业公司利用各自的优势开拓增量市场，现阶段合作多于竞争。各机构在自己的风险容忍度内不断试错，在风险和规模的动态平衡中寻找市场边界。

未来，具备低成本的资金来源，以及利用互联网手段获客的独立持牌消费金融公司比较有竞争力，简称“二低一高”。二低指低资金来源和低营销成本。如 Capital One（Capital One Financial Corp，美国第一资本投资国际集团）是持牌机构，资金成本低，又通过 E-mail 方式获得客户，营销成本很低。一高指风控能力高。

总的来说，消费金融的发展有以下趋势：

（1）场景化和垂直细分化

场景金融是围绕人们生活场景而展开的消费金融活动，在这个过程中，结合人、物、场合等相关要素，是特定消费者在特定时刻、特定地点、特定情境下共同创造消费场景。在新商业时代，随着移动互联网的普及，移动信息技术和智能硬件让信息传递更及时、动态和分散，同时，人们的行为习惯随着社会结构发生改变，更社群化、个性化，对于满足特定需求的场景具有更高的黏性。在场景中为消费者提供消费金融服务是一种趋势。

基于场景的金融创新将成为越来越多的消费金融公司的突破点。通过自建场景，获取高黏性用户，并在积累用户行为数据的基础上拓展相关联的垂直场景，精准预测现金流的动态状况。一方面个人消费贷款是和消费场景相结合来获取借款客户，借款的目的更明确，反欺诈审核也更精准。另一方面，信息流变得准确、让现金流处于可视和可控状态。基于这些场景的垂直挖掘，让产品的定价、生成、销售、兑付形成独立而完整的闭环，以此C2B定制化金融产品，为用户创造基于消费场景的体验。

场景金融的领军者是结合日常生活中的高频次场景，并成功对传统业务场景改造的企业。比如，淘宝通过切入网上购物场景，交易量做大了，发现银行的金融服务满足不了用户需求，于是推出支付宝；客户支付宝账户的资金闲置太多，于是推出余额宝；余额宝收益太低，于是推出招财宝，还有花呗、借呗等，都是先有场景，然后才有金融产品。京东也是在商城做大后，根据客户需求，推出京东白条。顺丰也是从人们的快递刚需出发，针对散单（会员）客户推出固定面值的预付费消费卡。

当然，场景金融也不好做。

首先，高频场景非常有限，低频场景难成气候。以高校教育为例，缴纳学费虽然单笔额度大，但一年才一次，太低频形成不了聚集客户的黏性场景。校园卡充值、校园的跳蚤市场是可以的。高频场景的竞争必将白热化，电商、支付、消费、小贷、分期、出行、培训、教育、租赁等场景已经是乱战江湖。高频场景在未来很长时间内都是竞争的焦点，导致每个场景都开始进行细分，比如电商，细分为高端女性、中产阶层、婴幼儿、奢侈品等。

其次，场景金融是99%的非金融功能与1%的金融功能的结合，只有深入了解传统业务，才能重塑传统业务。电商、旅游、教育、中介等企业依托手中原始的信息、数据做场景金融，这是重塑的基础。例如，医疗场景的金融服务，必须以医疗机构做主导，银行等金融机构就很难做，所以，要重视场景在场景金融中的地位。当然，金融的1%也别轻视，深耕业务的场景金融，也要注意金融内生的风险。

最后，场景金融的核心竞争力之一是资金端的议价能力，通过聚合场景中的客户、需求、流量，引流、筛选客户，提供用户信用数据等，可以提升面向银行、证券、基金、保险等机构的资金议价能力。

除了跟场景紧密结合，消费金融正在向细分化和垂直化方向发展。根据不同人群、不同的消费产品，消费金融产品分化得越来越细，而细分、垂直化带来行业的专业化。每个领域，每一条行业线，都有更为专业的消费金融公司。目前，针对不同的领域和人群，消费金融领域垂直细分出很多相关的公司，如表10-1所示。

表10-1　消费金融的类型和代表公司

	类型	代表公司或产品
细分领域	综合性电商	电商巨头天猫分期、京东白条等公司或产品。
	3C产品	深圳有用分期、佰仟金融等公司。
	租房	斑马王国、楼立方、房司令等。
	二手车	上海力蕴二手车金融等公司或产品。
	装修	小窝金服、家分期、土巴兔、绿豆家装等公司或产品。
	旅游	呼哧旅游、首付游、京东旅游等公司或产品。
	教育	蜡笔分期、学好贷等公司或产品。
	农业食品	可牛金融、农分期、领鲜理财等公司或产品。
	医美	新氧、更美、悦美、美丽神器、美黛拉等。
人群细分	大学生	分期乐、趣分期、优分期等公司或产品。
	蓝领	买单侠、51酷卡等公司或产品。

（2）普惠性和覆盖性

互联网特别是移动互联网技术在消费金融领域的应用，使得消费金融服务更具普惠性和覆盖性，不仅覆盖到生活消费的各个场景，还能够覆盖更多的中低端用户群体，包括农民工等流动人口。比如表10-1中提到的51酷卡，就是专门针对农民工、蓝领工人的消费金融产品，具有普惠金融的特点。

在泛财富管理领域，中国互联网理财正在兴起，其中P2P和众筹是目前真正的普惠消费金融形态。

P2P这种全新的网络信贷模式于2005年起源于英国，该模式通过互联网融资平台，让拥有资金且具有投资意愿的个人将其资金贷给有资金需求的人，具有收益率高、门槛低的优势。从2007年我国首家P2P平台拍拍贷成立以来，我国P2P网络信贷发展迅速，截至2016年年末，国内正常运营的P2P平台数量为1625家；交易额为19544亿元，累计交易额保守估计为3.36万亿元；年末贷款余额（本金部分）达到8303亿元，同比增长95.4%；年平均借款期限和投资利率分别为231天和9.93%；活跃借款人和投资人分别约572万人和998万人；已实现银行直接存管或银行直连的平台共有117家（数据来源：《2016中国P2P网贷年度报告》），并衍生出多种交易结构和交易方式。

众筹融资模式是指发起方在众筹网站上发布创意项目或产品，用团购和预购的方式，向网友募集项目资金的模式。与传统的融资方式相比，众筹融资更为开放，只要是用户愿意买单的项目均可以通过众筹的方式获得启动资金，为更多小微企业的发展，特别是创新项目的启动，提供了资金需求。

我国众筹融资模式2011年才出现，与国外相比，无论是在政策、法律、法规方面，还是在融资平台的建设方面，均有一定的差距，但众筹模式发展迅速，有一定规模的众筹网站已经不下十家。异常火爆的影视众筹便是典型案例，阿里巴巴推出娱乐宝，投资《小时代4》《狼图腾》《非法操作》等电影；百度发布百发有戏平台，投资电影《黄金时代》。在政策与法律层面上，对股权众筹的规范也在进一步完善。中国证券业协会公布《私募股权众筹融资管理办法（征求意见稿）》，初步界定股权众筹业务。尽管投资人门槛较高，但股权众筹已初步得到其合法性确认。

2. 产业金融的供给侧改革

产业金融（Industrial Finance）是将最具流动性的金融资本与产业资本相结合，是为产业融资的一种有效做法。建立产业金融体系，是一项产业运作的“水利工程”，把资金汇集后，根据产业发展的需要进行资金配置，进而实现产业资源的配置，达到调整产业结构和促进产业升级的作用。

以前，我国金融对传统产业的支撑是相当不充分的。当中国经济进入新常态，首先是政策层面的支持。银监会表态将进一步扩大财务公司外延产业链金融试点，央行等四部委联合发文启动产融结合城市试点。究其原因，产业金融通过营造产业与金融良性互动、互利共赢的生态环境，强化金融对产业的支撑作用，促进产业提质增效、转型升级，与国家大力推行的实体经济战略、供给侧改革不谋而合，未来政策支持还会越来越多。

其次是各方产业巨头纷纷布局金融，不管是以传统创新型企业为代表的新希望、海尔、中粮、万向、上汽、五矿等，还是以互联网为代表的阿里巴巴、腾讯、百度、京东等，近些年都开始在金融领域跑马圈地抢夺城池。

未来产业金融真正能够走向深化，主要从两个层面着手。

（1）加快推广和发展“产融结合”

产融结合是指通过参股、持股、控股和人事参与等方式，进行的产业和金融的内在融合，实现共同的发展目标和整体效益。产融结合是企业达到相当规模后实现跨越式发展的必经之路。当今世界500强中，有80%以上的企业都成功进行了产融结合的战略布局。一方面，产融结合可以增加企业的收益，提高资本积累的速率，能够最大限度地利用社会资源，增强企业竞争优势。另一方面，产融结合可以降低产业发展过程中涉及的大量外部金融交易活动，包括上市、重组、兼并、收购，以及资金贷款所形成的交易成本。

金融如何与产业互动，怎么利用最新的金融思想来设计产融互动，提高资源配置效率的重要途径，有利于企业各个业务板块之间协同发展，贯通产业链，提升价值链，实现优势互补，培育企业核心竞争力、突破企业发展瓶颈，都是企业必须面对且重视的问题。

从外部外延式角度看，比如众信旅游，2011年众信还是北京的一家中型旅行社，估值3亿元。上市后很快进行同行业收购，收购北京竹园、在线旅游企业上海悠哉；同时还进行产业链上下游的并购，和复星、九鼎一起并购Club Med（地中海俱乐部）。众信如今市值已经超过150亿元，快速从一家传统的线下旅行社转变成具有全产业链布局，为国人提供综合O2O出境服务的产业集团。

在新兴产业领域，滴滴改变了人们的出行方式。滴滴创立于2012年，2013年估值才2亿元，现在滴滴的估值约500亿美元。而美国的Uber更胜一筹，成立于2009年，如今已经是世界级企业，在全球70多个国家开展和滴滴类似的业务，目前估值高达600亿美元，未来会超过1000亿美元。腾讯、阿里都只有十几年的历史，但市值却超过万亿元。这些企业的快速发展也是因为有资本的推动。几乎所有的新兴企业背后都有VC（风险投资）、PE（私募股权投资）等投资机构，资本的力量直接改变企业发展和产业发展的格局。以前，一般需要几十年，甚至上百年，产业格局才能定下来，因为企业只能靠自身的积累来发展，无论扩张、竞争都需要时间。现在，通过金融的推动，产业和企业的发展显著加快。

从内生金融结构维度看，内生金融结构设计通过基于企业自身的资产结构、现金流结构，把资产化重为轻，更快地实现现金流的变现。比如，星巴克借助实物期权的金融设计，实现产品市场和资本市场的同时扩张。

星巴克对新兴市场的扩张方式是：首先加盟，由加盟商投入，同时设定几条增持股份的业绩线。如果没有达到业绩线，则不用参股、控股，门店的业绩并不反映在上市公司的业绩报表中，星巴克可以有效控制资本风险。当达到参股业绩线时，星巴克可以溢价（一般是6～8倍）参股。当达到控股业绩线时，星巴克可以溢价控股，合并报表，直到最终全资控股。通过这种交易结构的设计，星巴克可以收获门店业绩上涨的溢价空间，并体现在上市公司业绩中。另外，大批加盟门店在未来有可能转换为星巴克的参股、控股公司，业绩合并到上市公司报表中，星巴克的股票在资本市场上就有很好的升值想象空间。星巴克也因此可以通过股票换股收购，降低收购成本，减少现金流支出。未来企业都需要同时打赢两场战争：在产品市场上，获得用户的认可；在资本市场上，获得投资者的追捧。

IBM的公司风险投资（Corporate Venture Capital，简称为CVC）模式是产融结合的典范。通过VCG（类似母基金）投资资金作为IVC

（Independent Venture Capital，独立风险投资，VE和PE等机构）的有限合伙人（LP），一方面IVC通过投资收益给予利润回报，另一方面，把投资项目推荐给VCG。VCG通过与企业长达6至12个月的接触，进一步了解团队、企业历史和业内评价，从产业角度，与IVC共同做出投资决策。一旦做出投资决策，VCG就把项目介绍给业务单位，确立合作关系，同时也会把一些相应的资源与IVC共享，并通过技术指导、市场引导、渠道等手段支持IVC所投资的创新公司。VCG通过产品、技术、资金等对创新公司进行投资，如果认为业务单位符合其战略需要，由VCG对创新公司进行收购。

IBM投资的创新公司的成长，一方面为IBM带来了新的技术和方案，一方面也带动了IBM现有业务的发展，给IBM带来了更多的利润。获得风险投资支持的创新公司更容易成为IBM的合作伙伴，而一旦形成伙伴关系，就可以进入到IBM的协作创新体系，可以利用IBM的技术、专家资源，促进创新技术的研发，并获得IBM销售渠道的支持。IBM的CVC模式为其带来了丰硕的成果，到目前为止，IBM已与超过120家顶级风险投资商合作，通过LP作为间接资本，渗透进全球1000多家创新公司。在纳斯达克上市的企业中，45%的企业后面有IBM投资的影子。

IBM公司通过引入外部风险投资，参与创新公司的项目，与几百万开发人员建立了庞大的商务伙伴生态体系。这些创新公司带来的商业合作已经占据IBM总收入的1/3。

（2）大力发展产业链金融

产业链金融是依托产业链中的核心企业，围绕产业上下游的各个环节的相关企业，设计金融服务产品，提供综合的金融解决方案。如果把产业链比喻成经线，金融比喻为纬线，产业链金融就是经纬线交错的网。未来产业链金融的市场体量非常大。目前部分大型企业集团也在积极探索产融结合的模式，比如海尔、美的集团、TCL集团、正泰集团等纷纷布局产业金融，同时，互联网巨头先后强势介入，比如阿里、京东。这一蓝海越来越受到关注。

以大宗商品领域为例，中国的能源需求庞大，煤炭贸易企业一年贸易量大概在万亿元级的规模。产业链中的企业融资需求旺盛，而传统金融服务覆盖尚不足，因此定位于产业链金融的P2B（互联网融资服务平台）模式将得到快速发展。以专注于大宗商品产业链金融的金联储为例，他们选择尚处“蓝海”中的“P2B”发展模式：一是源于团队，团队成员对大宗产品O2O拥有丰富的业务管理和风控经验；二是趋势，产业链金融在未来有巨大的市场发展空间，国内中小企业有着很大的融资需求；三是风控，依托于合作伙伴金银岛十多年来在大宗商品领域创立的信息流、资金流、物流的“三流合一”的风控体系这个天然优势，独创BAST风险控制系统，从大数据分析、资产抵押、供应链控制、企业信息洞察四个维度，全面审查项目风险。在风控方面的严防死守，这也是金联储发展壮大的原因之一。

还有现代化程度相对比较低的农业，安心de利推出一款叫科尔沁的产业链金融产品。科尔沁为核心环节，上游有牛贩子，下游有经销商，那么作为核心环节的科尔沁会和它的上下游有大量的交易，所以产生很多真实的交易数据，彼此了解情况。在这种模式下，科尔沁可以提供担保，使得上下游企业可以获得较好的融资。

金控平台和集团财务公司兴起，且多依存于产业链。财务公司之间的合作将这些大型企业集团和产业连接起来，形成一个良好的支撑产业的金融生态圈，使得财务公司也能抱团取暖，从点到链，从链到网，从网到面。从国内目前整体的社会融资体系来看，具有产业链集成优势的实体巨头往往很难摆脱为自有体系内项目进行融资的内生性需求，产业体系内的融资需求风险控制更为完善，一旦出现违约也可以在体系内消化，而做深做透一个产业链本就是这些产业巨头在金融化浪潮中的独特优势。

产业链金融有不可比拟的优势，这种经营模式可以和产业深入统合，华润银行做华润万家的产业链，可以嵌入得非常深。

一是信息优势，信息获取及时、准确和方便。产业链上下游企业关联很大，核心企业对其日常营业情况了解得非常详细，而且透明度高，产业链上下游之间有票据、生产订单的凭据，使得平台项目信息真实、透明度高、风险很低。

二是风控违约系数更低。产业链金融单个资产量相对较大，获取项目的综合成本降低；且在产业链闭环风控体系内，风控可以集中把控。

三是项目优势。项目资源多，在资产端比较有优势。一个产业链由大量的企业形成，如果打通上下游产业链，根本不用担心项目问题。

四是人才优势。真正服务产业的金融非常需要有实业经验的人才。金融行业懂产业的人非常少。

总的来说，产业金融是积极、生态的金融，需要主动帮助产业发现并实现价值，需要围绕整个产业生态提供解决方案，是产业变革组织方式和重构商业生态的工具。

（3）海尔金控的“产业属性”究竟是什么

海尔金融通过产融结合实现行业新连接、价值新创造。作为拥有产业背景，更了解产业的海尔，将产业与金融结合自然是水到渠成的事。在互联网时代，诸如大数据、互联网平台、搜集并整合资源等，都拓展了产业与金融融合的途径，产业金融的理念得到更深层次的应用，为提升整个产业链价值提供了金融手段，以此重构产业，实现原有产业的升级。如图10-2所示。

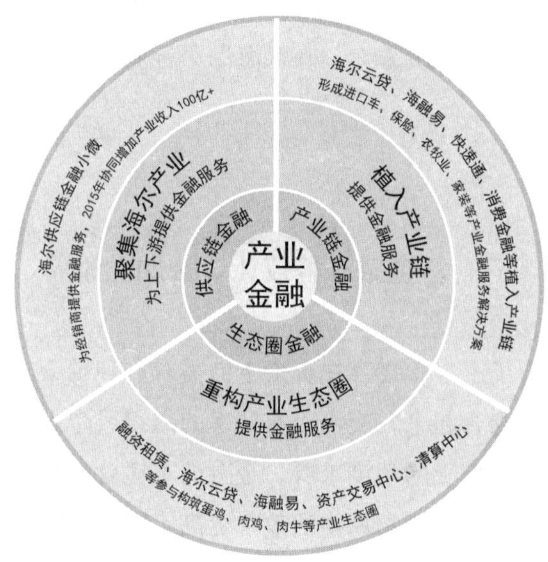

图10-2　海尔金融全景图

从2002年成立起，海尔财务公司就是海尔产业链条上经销商、供应商发展的助力和推手。经过15年的发展，海尔财务公司以海尔产业为基础，不断迭代，推出可根据具体情况来选择的金融产品，比如，开发出“融e贷”“程易贷”“生意兴融”等一系列产品。海尔金融成为产业链上合作伙伴的好助手。

在广泛的市场调研和精准的产品定位后，海尔金融推出“供应链金融管理（保理服务）”，并为家乐福、沃尔玛核心厂商的设计商超批量开发模式。这项服务流程清晰快捷，确定额度、分层授信、产品标准化、网上受理端口申请，打造出涵括上游供应商、商超商品终端产品制造商及辅助原材料提供商全方位服务方案，为供应商保驾护航。

海尔金控平台小微也在尝试多角度覆盖、多小微协同，为全产业提供一站式金融解决方案。以海淘车为例，海云汇、海尔财务公司、海尔云贷、海尔消费金融等海尔金控小微的明确分工、多方合作下推出综合金融解决方案，确保海淘车行业发展的金融解决方案得以落地执行。

三、新金融：科技让金融如虎添翼

在金融市场上，始终存在着资本的需求方和供给方。金融体系把有限的资金聚合起来，交给更有效率的组织或个人来运营以获得更高的收益。从历史的角度来看，金融的本质就是有效配置资源。货币的产生是因为比以物易物的效率更高；银行的产生是因为比钱庄的效率更高；支票、银行卡等支付工具的产生是因为比现金的效率更高。

新技术正在使整个金融业发生变革。云计算、大数据、移动互联等新兴技术对传统金融业进行改造、革新乃至颠覆，这些新技术被应用到金融领域的各个方面：借贷、财富管理、支付、保险、众筹、征信，甚至是零售银行和房屋中介，从而提供更为普惠的金融服务。在可预见的未来，新金融将逐步成为常态，成为产业的中坚力量。技术创新的价值在于不仅带来更高效的金融服务和生产效率，而且还会创造全新的、更美好的生活方式。

其中，影响金融最重要的新科技是互联网、区块链（新信用体系和货币）以及支付。

1.当金融遇上互联网

互联网的本质是消除信息的不对称，金融的本质是实现资源的最优分配。互联网金融的本质在于消除信息不对称，实现资源的低成本高效率配置，促进交易发生。传统金融机构如银行、证券、保险等是人为形成的资金融通媒介，一是垄断，二是低效，三是高成本。互联网开始改写以前的业务规则，进行低成本的资金融通，比如比特币、第三方支付、余额宝、P2P网贷、众筹融资以及网络保险等兴起，互联网成为资金融通最高效、最大众的媒介，甚至传统金融行业主体（银联、银行、证券、保险甚至央行）都面临被颠覆的危险。

P2P平台、众筹等互联网金融领域都通过互联网连接资源的供需两端以达成最终交易，具备共享、低成本、高效的优势。比如，二手车消费场景里，客户需要二手车贷款，这个时候客户需要填写厚厚的一沓表格文件，并等半个月审批，体验很差。但美利金融的产品通过移动互联网技术，满足了消费金融信贷对“快”的需求，为互联网消费金融产品提供了体验上的优势。

金融与互联网的结合是必然趋势，而且逐渐重新定义原有规则，比如，对的资源配置给对的人，风险要匹配。风控的本质是信息不对称（信息的不透明和静态），所以才需要风控，风控是处于第一位的。互联网和大数据的出现，信息逐渐对称并充分透明，数据是动态的，风险逐渐消失，金融效率成为第一位。比如，数据在互联网公司里，银行拿不到数据，那么谁来主导市场呢？金融行业的管制确实存在，代表了一种秩序，但市场化的发展会推动制度改革。改革的背后，本质上是大众和产业对金融的需求决定的，需求倒逼形成新的市场和供给，从而形成新的规则。

互联网金融有很多优势。

首先，互联网金融包容性更强。互联网金融基于网络技术的信息处理和资源配置模型，大大降低了金融产品和服务的平均交易成本，同时缓解了借贷交易过程中的信息不对称问题，进而实现了资金归集于高效率、低成本、零散资金的碎片化理财，以及小微企业贷款的低违约率。也将原本金融服务不到的弱势群体和偏远地区纳入到金融服务体系中来，利用高效率的移动支付手段，以及大数据的信息处理模型，提供方便快捷的金融服务。

其次，互联网金融产品设计得更灵活。互联网金融平台可以结合企业的实际业务需求，实现灵活的业务操作。

用互联网思维来创新金融其实就是效率的提升。互联网金融仍然沿着人类社会的发展方向，其本质就是用互联网对传统金融进行改造、提升甚至是革命。互联网信息技术的发展，使得金融与非金融部门的边界进一步模糊，创新型合作模式不断出现，实体产业、金融业、互联网的多层次融合成为新的创新方向。互联网对金融产业链的核心价值开始逐步显现，真正能够帮助金融和类金融机构提高获客、风控、资金与资产对接效率的平台更有价值。

2. 区块链：去中心化的信用体系

区块链（Blockchain）技术对金融的影响是有革命性的，它将影响新商业时代的产权制度。区块链主要解决交易的信任和安全问题，本质上是建立一套新的信用体系。

（1）支撑新信用体系的四个技术创新

一是分布式账本。交易记账由分布在不同地方的多个节点共同完成，而且每一个节点记录的都是完整账目，因此它们都可以参与交易，并监督交易是否合法，同时也可以共同为其作证。不同于传统的中心化记账方案，没有任何一个节点可以单独记录账目，从而避免了单一记账人被控制或者被贿赂而记假账的可能性。区块链通过科技真正实现了去中心化。比特币的核心功能在于创造一种可信的货币和会计系统，不必通过集中式中央银行。由于记账节点足够多，理论上讲，除非所有的节点都被破坏，否则账目就不会丢失，从而保证账目数据的安全性。

二是对称加密和授权技术。存储在区块链上的交易信息是公开的，但是账户身份信息是高度加密的，只有在数据拥有者授权的情况下才能访问到，从而保证了数据的安全和个人的隐私。

三是做共识机制。就是所有记账节点之间怎么达成共识，去认定一个记录的有效性，这既是认定的手段，也是防止篡改的手段。区块链提出了四种不同的共识机制，适用于不同的应用场景，在效率和安全性之间取得平衡。以比特币为例，采用的是工作量证明，只有在控制了全网超过51%的记账节点的情况下，才有可能伪造出一条不存在的记录。当加入区块链的节点足够多的时候，这就很难实现，从而杜绝造假的可能。

四是智能合约。智能合约是一套以数字形式定义的承诺，包括合约参与方可以在上面执行承诺的协议。智能合约的外在表现形式是程序，其内定义了合约参与方的权利和义务。智能合约是基于这些可信的不可篡改的数据，可以自动化地执行一些预先定义好的规则和条款。区块链技术不可篡改的特性可保障智能合约的执行，为智能合约提供运行的平台。目前，典型的智能合约平台为以太坊。以保险为例，如果说每个人的信息（包括医疗信息和风险发生的信息）都是真实可信的，那就很容易在一些标准化的保险产品中，去进行自动化的理赔。智能合约的发展也面临着一些问题：一方面，智能合约的应用依赖于资产数字化，资产数字化后才可通过编程的方式完成资产流动，但目前的数字资产化程度不足；另一方面，智能合约自身的实施方案仍不成熟，其安全性仍有待商榷。

（2）区块链重构社会信用

产权制度是现代市场经济体制的核心制度，区块链有效地支持互联网时代的产权制度，它本质上是一种数据库技术，可用于记账的技术，也是一个使用密码保护的共享数据库。这个数据库的最大特点是所记录的信息字段与生成时间关联并对应，而时间是永恒的、不可逆的。由此，账链里的信息就具有唯一性、不可篡改性，就像一本每个人都能写上一笔的公用账本或日志，前提是每个人都掌握特定的技术和工具。一旦信息进入了区块链，每个人都能检查、监控，因此几乎不可能私自篡改。因为账链是生存在互联网上的且不可摧毁的，所以为互联网增加了一个全新的能力：对信息所有者的确权和持续拥有、使用的技术保证。区块链技术就是解决这些问题的，将为市场经济在互联网时代的发展奠定基础。

互联网经过50年的时间，从构思到诞生，从发展到规模应用，再到全面进入人类社会，有效地改造了人类社会的各个层面，但互联网的发展主要是确保信息的快速生产、低成本流通。对于信息的保护却是缺失的，并由此产生如山寨、盗版、复制、信息安全等问题，本质上是对产权制度的违反和践踏。若互联网没有有效的产权制度，那么实物性资产就很难互联网化。大数据作为一种资产，如果没有明晰的产权，根本无法交易并移交所有权、使用权。

用于追踪比特币交易的区块链技术能够防止每单位货币被非法复制，而且此信息能被拥有者方便地使用和支配，这对互联网时代的产权制度带来了巨大的帮助。区块链不仅仅应用在比特币上，任何开放的公共记录——只要每个人能够往上扩展数据，同时需要确保没有人能篡改过去的数据——都能把区块链技术应用进来，比如知识产权、个人身份认证、房地产备案等，这些领域都有区块链的应用场景。

现代产权制度是社会信用体系的基础。金融做的是信息的生意，区块链能很好地管理信息的流动。无论是债券还是股权等，都是对所有权的占有权、使用权、收益权、支配权等，便捷的资产清算、支付交易、证券交易和监管合规，同时风险降低、运营成本减少以及效率提高。所以，越来越多的金融企业看到了区块链的价值。

（3）区块链的典型应用场景

一是数字货币。基于区块链技术产生的第一个产品是比特币。比特币是天然的货币，具备稀缺性、易于切割、良好的流动性等特征。从区块链数据库的角度来理解比特币，它是一个被有效保护账户中的余额，就像银行账目中的余额。数字货币设计的关键在于消除单点故障、保障账本数据安全。区块链技术综合已有技术，通过分布式记账、存储，有效消除网络单点故障，并通过共识机制保障账本数据一致性、安全性和可追溯性，是数字货币应用的底层技术基础。目前，数字货币普及大势所趋，除了比特币，使用区块链技术的典型数字货币还有以太坊、莱特币和瑞波币。中国央行正积极筹备成立数字货币研究所。

二是跨境支付。传统跨境支付需要经过开户行、央行、境外银行、代理行、清算行等机构，每个机构都有自己的账务系统，因此速度慢、效率低、痛点多。区块链在跨境支付场景的应用，不仅降低金融机构间的对账成本及争议解决的成本，提高支付业务的处理速度及效率，而且为以前不符实际的“小额跨境支付”开辟了广阔空间，是区块链最能发挥价值的应用领域之一。但是，跨境支付能否实现大规模增长是目前的主要问题。其难点除了技术本身，更多在于政策层面。

三是供应链金融。目前，金融链条中各企业维护自己的数据信息，导致信息孤岛多，信息整合难度大。而区块链技术将每个交易方变成网络中的一个节点，企业的各项资产、产品以数字化的形式在网络中体现，任一节点间的交易都会被全网认定，物流信息也可通过产品地理位置信息的改变在网络中体现，这样可以实现核心企业及上下游企业的信息流、物流、资金流信息的整合。据麦肯锡测算，在全球范围内，区块链技术在供应链金融业务中的应用，一年内，能帮助银行节约运营成本约135亿～150亿美元、风险成本缩减11亿～16亿美元；对买卖双方来说资金成本降低约11亿～13亿美元，运营成本降低约16亿～21亿美元。

四是大数据交易。数据交易双方的责任认定困难。数据具有很强的伪造性和可更改特性。而区块链的防篡改特性可明确问题责任方，溯源、加密特性可保护数据拥有方的权利。未来3～5年，大数据交易将呈现爆发式增长。自贵阳大数据交易所成立，全国陆续出现了15个区域性大数据交易中心。仅贵阳大数据交易所在2016年9月前的交易额就累积突破1亿元，交易框架协议接近3亿元。

除了以上应用场景，证券的发行与交易的流程手续繁杂且效率低下，区块链技术使得金融交易市场的参与者享用平等的数据来源，让交易流程更加公开、透明、有效率。对征信业来说，互联网征信正在积极探索区块链的研发和落地，它能够为征信环节带来更高效和更便捷的体验。

新技术的扩散有一个过程，进入爆发期，速度远远超过我们的感知。区块链作为新商业时代的基础创新，正在深刻影响着金融行业。

3. 支付：打通线上线下金融闭环的关键节点

银行用十年的时间让中国人习惯用银行卡，而支付宝、微信用三年的时间让中国人使用手机支付。作为新金融的先锋队，移动支付在中国已经异军突起，开始引领世界潮流。

（1）第三方支付企业凭什么反超银行

在零售支付领域，第三方支付已经超越了银行，每10张网售机票，有9张直接通过第三方支付闭环完成交易。无论是支付宝、微信支付或是易宝支付，跟传统的商业银行相比，前者提供的支付服务更受市场欢迎。为什么在零售支付领域，第三方支付企业会反超银行了呢?

一是对“支付”的理解，和传统的金融机构很不一样。传统金融机构认为支付就是把钱安全地从A运到B。像古代的镖局一样，考虑更多的是“安全”。但在互联网时代，安全只是基础，除了安全，还有公平、便捷、个性化的增值服务等。安全逐渐不再是商业交易中最重要的因素。新的支付服务更多地是从支付的载体交易、交易背后的独一无二的个体，以及个体对交易深层次的需求来发挥支付的价值。

二是支付技术的进步与支付相关的商业模式与企业越来越成熟，已经深刻地改变了金融行业。如图10-3所示。

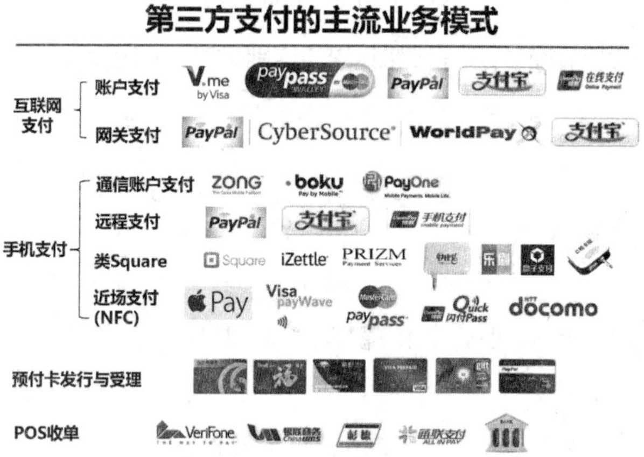

第三方支付的主流业务模式

互联网支付：账户支付、网关支付

手机支付：通信账户支付、远程支付、类Square、近场支付(NFC)

预付卡发行与受理

POS收单

图10-3　支付的主流业务模式和代表企业（来源：voidcn.com）

（2）支付的演进与新型支付方式

随着技术的进步，越来越多新的支付方式（见图10-4）出现，支付进一步渗透到金融的各个环节和消费场景。

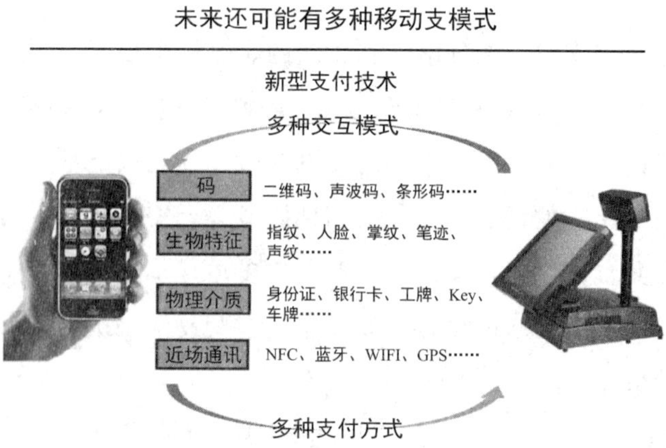

未来还可能有多种移动支模式

新型支付技术

多种交互模式

码　二维码、声波码、条形码……

生物特征　指纹、人脸、掌纹、笔迹、声纹……

物理介质　身份证、银行卡、工牌、Key、车牌……

近场通讯　NFC、蓝牙、WIFI、GPS……

多种支付方式

图10-4　未来的移动支付方式和新兴支付技术

未来的支付不再局限于单纯的点对点的支付服务，而是由工具升级为平台，实现“支付+”，以支付为切入点，将产业链的上下游打通，将支付、分账、资金归集管理、营销增值和授信服务等融为一体。如图10-5所示。

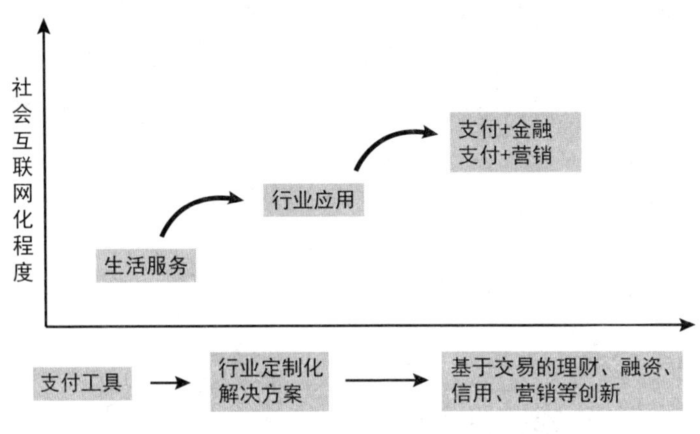

图10-5　支付服务的演进（来源：易宝支付）

比如支付+征信：通过支付，对平台上企业的数据和行业链条的交易信息就会非常清楚，便于风控与快速审核，从而可以联合银行为代理商提供授信服务。支付+营销：帮助商户改进POS机的软件设计，以达到采集用户交易数据、沉淀管理用户的目的。消费者首次在商家刷卡消费时，只要在POS机上输入手机号，便可通过短信接收到商家的红包信息，同时将手机号与其银行卡绑定。再次刷卡消费时，POS机内置系统将自动识别红包信息，扣掉相应优惠金额，同时再生成一个红包，依次循环，支付公司在此过程中则可以获得商户返点。

成立于2003年的支付宝，主要是为了解决淘宝商城买卖双方交易过程中的信用和支付问题，支付宝作为第三方支付，为买卖双方建立了信任担保。因阿里巴巴电子商务交易量的迅速膨胀，支付宝业务始终占据国内第三方支付市场第一地位。依托大数据和云计算技术，阿里巴巴于2010年推出了阿里小额贷款业务，这是基于用户交易信息，依托支付宝渠道开展的网络融资业务。阿里小贷部分解决了小微企业的资金需求问题。阿里巴巴于2013 年推出余额宝业务，通过与基金公司的跨平台合作，实现了对网民的碎片化理财的整合，使得支付宝摇身一变，成为具有“存款功能”的平台。以余额宝为代表的互联网金融产品（见图10-6）促进政府加快了利率市场化的进程。

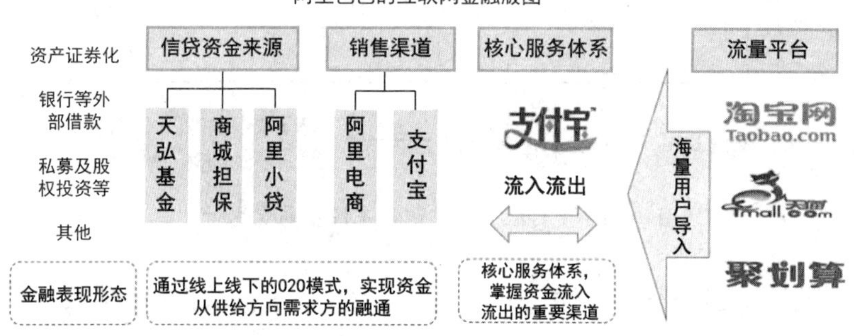

图10-6　阿里巴巴的互联网金融版图

阿里巴巴上述业务的发展过程，是产业融合、金融创新和金融深化的典型缩影，而互联网金融业务也将成为未来“再造阿里”的重要机遇。

New Business Times

第十一章

新智造：连接机器生产力

机器人未来一定无处不在。

——“机器人之父”约瑟夫·恩格尔伯格

一、智造的本质是数据驱动C2M

19世纪末，生产方式发生了重大革命，从手工单件生产向大规模生产变革。随着专业机械发展和科学管理方法的诞生，制造业逐渐采用专业化、标准化、可互换式的生产方式，典型代表是福特汽车的生产流水线。进入20世纪，大规模生产方式为人类社会创造了丰富的物质财富，同时也伴随着大量标准化产品的积累和过剩。到了21世纪，传统制造业面临的最大问题是用户的需求发生根本变化。生产方式与人类快速变动需求和多样化需求产生了矛盾。大规模生产方式行将结束，传统制造业普遍性价值链的模式——营销、产品、用户、管理已经跟不上个性化需求的变化。怎么用新的制造模式，有效、快速地满足个性化需求？智能制造应需而生。

智能制造（Intelligent Manufacturing, IM）是以新一代信息技术为基础，集合控制、通信、传感和识别等技术，应用软件系统和人工智能，实现扩展或替代人类劳动的制造过程、系统与模式的总称。

1. 智能的两个主要层面

一是面对C端的大规模定制生产，个性化的、复杂的、不稳定、快速变化的需求，如何根据B端已有资源（组织、能力、原料、设备、库存、供应链），快速适配出解决方案，生产出高品质产品。

二是基于产品全生命周期管理，人、设备、物料之间的信息互联、感知、优化、控制、执行。这意味着需要在产品生命周期内对整个价值创造链的组织和控制，包括从创意、订单到研发、生产、终端客户产品交付，再到废物循环利用，以及与之紧密相关的各服务业。这样可以有效缩短产品研制周期、降低运营成本、提高生产效率、提升产品质量、降低资源能源消耗。

从这两个层面看，智能制造本质上是基于数据（信息、知识、模型）的驱动，满足日益个性化的客户需求的C2M制造模式。我们通过电脑下单，挑选甚至设计个性化产品，厂家接单后生产完送货上门。整个过程涉及用户需求、产品研发、工艺设计、智能生成、产品服务等一体化协同。这是一个构建覆盖客户、制造、供应商的智能制造系统。

2. 智能制造包含的五个层面

智能制造有更广的外延，不局限于智能制造装备和加工装配，而是实现整个制造价值链的智能化和创新，包括从产品设计到组织生产、物流经营和服务的全过程。

（1）产品和服务智能化

把传感器、处理器、存储器、通信模块、传输系统等组件融入到各种产品中，使得产品具备动态存储、感知和通信能力，实现产品的可追溯、可识别、可定位。计算机、智能手机、智能电视、智能机器人、智能穿戴诞生时就是具备智能化基础的终端，是物联网的“原住民”。传统的空调、冰箱、汽车、机床、风机等是物联网的“移民”，正排着队连接到网络世界。未来，所有的产品都会成为覆盖客户、终端、平台、第三方应用的泛智能化产品。

（2）设备智能化

从单机智能化到智能生产线、智能工厂，是智能化的装备通过企业和企业之间的互联互通所带来的，围绕生产装备、设计工具、供应链、第三方应用、客户等智能制造系统，各种要素与资源进行精准配置，提升及构建跨平台操作系统、芯片解决方案、网络解决方案的能力，提升智能工厂系统解决问题的能力、智能装备创新能力和基础产业（材料、工艺、器件）的创新能力。未来，企业生产环节的竞争优势将更多来自于基于智能生产线的竞争优势。

（3）生产方式智能化

使用市场需求的个性化及快速变化的趋势，个性化定制、小批量生产、服务型制造以及云制造等新业态新模式，其本质是在重组客户、供应商、销售商以及企业内部组织的关系，重构生产体系中信息流、产品流、资金流的运行模式，培育企业需求链、产业链、供应链、创新链四个链条的快速响应与传导能力，实现新的智能化生产方式。

（4）管理智能化

随着纵向和横向两大集成的不断深入，企业数据的及时性、完整性、准确性不断提高，使管理更加精确、高效、科学。智能制造系统通过自主学习、自主决策，不断优化并实现管理领域的革命。

（5）产业智能化

通过标准、技术、人才三大体系，与市场新规则相适应的政策、法律、环境和体系等，重建新的产业价值链、生态系统和竞争格局，构建面向特定行业的智能制造产业生态系统。未来，人类的生产进入智能制造时代。智能制造是社会生产方式变革的必然结果。它是互联网特别是终端技术（传感技术和自动识别技术等）发展到万物互联，在生产力上的新变革和里程碑。

二、智能制造的“军备竞赛”和“更新换代”

1. 工业大国的“军备竞赛”

智能制造市场在全球出现爆发性增长，各工业国家的智能制造产业已经成为国际竞争的新焦点。近年来，随着产业技术推陈出新，实现智能制造的技术条件成熟，同时，资源环境压力、劳动成本上升等制造业制约因素的加大，各工业大国纷纷开展智能制造的“军备竞赛”。美国的“工业互联网”、德国“工业4.0”以及我国的“互联网+”与“两化深度融合战略”，虽然战略的出发点有所不同，但都是各国企业和政府关心的共同问题。展望未来，智能制造是各工业国家制造业产业升级的必然阶段。

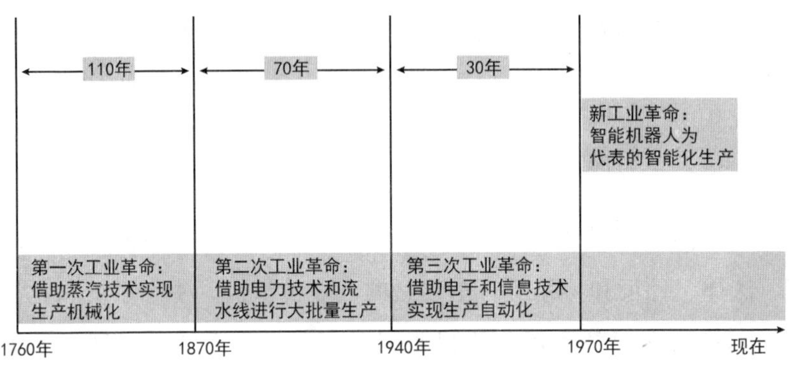

图11-1 工业革命历程（来源：德勤研究）

工业和信息化部电子信息司副司长安筱鹏在题为《工业4.0与制造业的未来》的演讲中提出：新一轮产业革命的本质是智能制造生态系统主导权之争。我们要把智能制造作为在新一轮产业技术变革中的主要方向，要构建自己的智能制造产业体系。他认为这一轮变革才刚刚开始，至少需要用30～50年的时间尺度来观察其演进发展的趋势。

在主导权的争夺中，各国都希望形成自己的标准，并对核心技术实施严格保密。比如，日本阿斯莫微电机有限公司的智能制造设计中心统揽了70%左右的设计图纸并进行自行制造，日本机器人制造商发那科（FANUC）利用“黑匣子”形式将控制软件浓缩，然后再交付客户，以保证核心机密不被泄露。各大公司都加大对智能装备硬件核心技术和智能软件核心技术的加密与保护，以保障智能制造产品的长期竞争力。

制造业是国民经济的支柱产业，其发展直接影响着国家的实体经济。以工业机器人为例，我国使用密度非常低，为30台/万人，德国是我国的10倍，日本是我国的11倍。我国工业化起步晚，技术相对落后，先进技术的产业化能力也与发达国家存在着显著差距，致使国产智能制造产品和系统的发展同时面临着技术和市场的瓶颈。虽然我国成为全球最大的智能制造装备的需求市场，但70%以上的市场份额被ABB集团（总部在瑞士苏黎世，是电力和自动化领域的领导厂商）、FANUC（发那科，1956年创建于日本，是当今数控系统研究、设计、制造、销售实力最强的公司）、YASKAWA（安川电机）等几家国际巨头所占据，高端市场90%的产品依赖进口，国内还没有一家具有全球影响力的智能制造企业。

近年来，随着我国工业机器人等智能装备市场的增长提速，跨国公司加快在我国的战略布局，以合资或独资形式在我国经济发达地区建设工厂，虽然对带动我国智能制造产业的发展和技术进步起到一定的作用，但同时也进一步挤压国内自主品牌企业的市场空间。

“中国制造2025”成为国家战略，随着一系列国家层面的战略、规划、政策的颁布和实施，我国智能制造发展的重点和方向逐渐清晰，支持智能制造发展的政策框架也基本完成。

新技术革命为我国发展智能制造及相关产业带来重大机遇，我们应把握“机会窗口期”，积极总结和借鉴国外先进经验，以智能制造为突破口，加快新一代信息技术与制造业融合为主线，以推动智能制造为主攻方向，推动我国产业技术升级，实现制造业竞争优势由传统要素优势向技术优势的转型，重塑我国制造业的竞争优势。

2. 制造企业的“更新换代”

各个国家重仓布局，企业也在积极介入，加大对智能制造的投入。一方面，互联网企业开始进入实体经济，充分发挥自身信息技术领域的优势。例如，谷歌公司收购多家与机器人有关的公司，人工智能公司DeepMind和智能家居公司Nest就被谷歌收购，智能制造成为谷歌新的业务领域。百度也推出了无人驾驶汽车。中兴集团在西安的智能手机生产基地建设了25条全自动生产线，多数环节都实现了全自动化生产。另一方面，传统制造企业为适应环境的变化，也大力发展智能制造实现改造升级。例如，在汽车生产领域，奇瑞专门成立机器人公司，打造初具规模的工业机器人产业化基地。富士康启动实施“百万机器人”计划，提出用自动化设备、机器人取代七成左右的人力劳动。

智能制造正在倒逼传统的制造企业转型，一方面从规模化生产向大规模定制、个性化生产的转型，从大规模商品的制造者转为个性化产品的提供者，这就要求企业同时转变资源配置模式，从过去以产品和制造转向以需求和客户为中心。另一方面，从生产型制造向服务型制造的转型。比如，三一重工应用大数据和物联网技术，通过机载控制器、传感器和无线通讯模块，将工程机械运行数据实时采集，并对大数据进行多维度分析和预测，分析全国各地的开工率，以此分析区域经济建设的情况，使“挖掘机指数”成为我国经济运行的晴雨表。

美的集团董事长方洪波在某次演讲时提出：中国制造业面临的最大挑战是随着智能制造的推动，企业本质的形态会发生变化。

首先，业务模式发生变革。过去所有制造业的信息系统是以ERP（企业资源计划）为中心、内部化的信息系统，现在要以数据为核心、外部化的信息系统，把全价值链所有的业务环节进行重新连接，从物理形态到数据形态，建模分析之后，对企业现有的所有流程进行改造，进一步对业务模式进行变革。比如，柔性生产和高质量快速交付应对小批量、多品种业务模式，满足客户个性化的需求。

其次，商业模式发生变革。在业务模式变革之后，再深层次的就是以用户为中心，来推动整个商业模式的变革。培育新技术、新产业、新业态以及新的商业模式，在制造资源的碎片化、在线化、再重组、再封装中寻找新机遇。比如，通过智能制造与客户建立强关系，使客户消费更方便、更经济、更高效。

过去三年，美的基于大数据和云平台的数字化改造和升级实践，使固定资产下降了70亿元，财务结构在往好的方向不断优化，表明资产效率非常高效。这才是智能制造的根本所在。

在“中国制造2025”战略推动下，国内传统制造企业都在积极向智能制造转型升级。智能制造必将带来新的竞争格局。

智能制造的本质是在重组客户、供应商、销售商以及企业内部组织的关系，重构生产体系中信息流、产品流、资金流的运行模式，重建新的产业价值链、生态系统和竞争格局。基于大数据、云平台、物联网等新技术为代表的智能制造，对传统制造业是一场商业的淘汰赛。只有拥有一定的实力、规划完备的企业，才能在智能化时代顺利转型升级，在这场淘汰赛中跟上时代的步伐，进入全新的未来。

但热潮之下要冷静处理，找到最适合自己企业所走的路径，切忌盲目跟风，因为推动智能化进程需要投入，不切合实际地去购置大量机器人，往往会造成资金的浪费以及机器人的闲置，缺少投资回报的成本投入可能把一个好企业拖垮。

智能制造的转型升级要有计划、有节奏地进行。对企业进行诊断，再规划与设计最适合企业的路径方法。首先是产品生产线要适合使用机器人装配，成本低质量又高；其次是打造流程，减少浪费和提升质量，稳扎稳打地将企业基础打好；再次是评估企业在智能制造转型过程中的业务需求排序，搭建智能制造的框架，构建良好的布局等；最后是引进机器人。

信息技术将彻底改变制造业的生产组织方式，大大提高制造效率，最终高效而有力地推动企业由“制造”向“智造”的转型升级。

三、智能制造如何实现生产革命

实现智能制造的核心是“机器换人+数据驱动+系统集成”，也是“虚拟网络+实体物理”的制造系统，是虚拟网络与实体生产的相互渗透和深度融合的状态。

1. 机器换人：劳动力的迭代

机器换人是推动传统制造业向智能制造转型升级的基础举措。2012年底，浙江、江苏的传统制造企业逐渐兴起“机器换人”，众多企业纷纷引进现代化、自动化的装备进行改造升级。2014年，随着“东莞一号”文件及各项扶持政策的出台，“机器换人”在东莞开展，并在全国掀起“机器换人”的浪潮。这股浪潮推动以工业机器人为代表的智能制造装备被广泛应用。企业实施“机器换人”可以有效地减少低素质劳动用工量，节约劳动力成本，提高全员劳动生产率，提升优良品质率，确保安全环保生产。

同时，随着人工智能技术、新材料技术以及信息存储、传输和处理技术的快速发展，工业机器人逐渐呈现出智能化发展态势。装配传感器和智能机器人能够自动识别环境变化，从而减少对人的依赖。随着信息技术的进步，工业机器人将更有效地接入网络，组成更大的生产系统，未来的无人工厂能够根据订单要求自动规划生产流程和工艺，在无人参与的情况下完成生产。

2. 数据驱动：互联化和智能化

实现智能制造要以数据为核心，把所有业务模式和每个环节连接起来。借助大数据动力引擎实现传感器设备的信息感知，通过宽带网络进行精确控制和远程协作，这是构建智能制造的基础。

大部分传统工业的数据覆盖面较窄，信息化程度很低，需要进一步实现工业纯数据交互，提高工业信息化程度。未来，每一台机器设备都被赋予独立的IP地址，给所有原材料和机器设备都装上传感器，生产的每一步都产生数据，数据被MES（一套生产信息化管理系统）以及ERP等软件获取并计算，返回控制智能设备，整个过程都自动化和数据化，生产可以追溯，调整生产线可通过数据算法完成。

信息化带来了海量的数据，所有环节都可以产生数据：产品、运营、管理、供应链、研发等，然后对数据进行分析：有哪些产品是最好卖的？好卖的产品是由哪些供应链组成的？怎么采购这些零部件？怎样进行制造？怎样用最短的时间制造出来？所有这些问题都可由数据分析找到解决方案。通过数据建模，进行数据的分析和优化，产生更有价值的数据。有价值的数据回到设计环节、供应链采购环节、制造环节、物流配送的环节，带来了更精准、更高效、更科学的管理与决策，带来更高的研发与生产效率以及更低的运营成本。通过数据把从产品销售到采购到物流配送的每个环节，设备、生产线、工厂、供应商、产品、客户等所有业务主体连接起来。

更具体地讲，一是设备和设备互联。单机智能设备的相互连接，实现智能生产线、智能车间，再到智能工厂。

二是设备和加工对象互联，零件与机器可以相互交流。

三是所有制造系统、设备与人的互联。所有的装备、软件、硬件、网络都是围绕如何提升人的效率、更好地构建平台，实现人与智能制造系统的交互窗口和界面。

四是万物互联（IOE）。高速网络和云存储使得所有环节、主体等都成为物联网的终端节点。代表性的公司就是谷歌，提出了智慧工厂的理念，如图11-2所示。

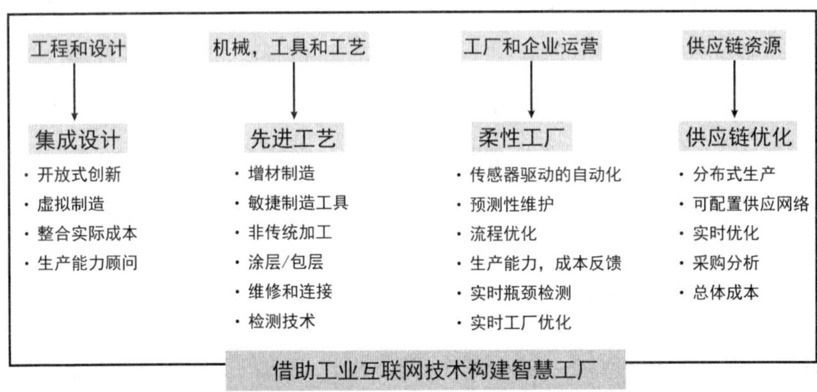

图11-2　谷歌公司提出的智慧工厂理念

当传感器、智能设备和终端无处不在的时候，也就是连接无所不在的时候，其必然导致数据无所不在。随后数据形成闭环，闭环产生智能，让机器具备自适应能力和人机交互功能。通过工况在线感知、智能决策和控制、装备自律执行的闭环过程，完成对周围环境的自适应能力。随着机器智能化水平的不断提升、仿真等技术的发展，网络、连接和传感的无处不在的智能制造系统将生成自身的操作、故障解决方案，人和系统之间也将建立协同共事、相互“理解”的合作关系，最终实现广泛的智能化交互。

3. 系统集成：系统的系统

集成不是新概念，德国工业4.0提出三个集成：纵向集成是研发、设计、生产、制造、运营、管理、服务等所有的环节集成；横向集成是一级供应商、二级供应商，以及销售商信息的无缝对接；端到端集成是产品全生命周期的闭环。谷歌公司认为工业互联网是从智能产品、联网的智能产品、产品系统，再到系统的系统。

IBM的CEO彭明盛提出智慧城市是系统的系统。城市的交通、能源、医疗、水网、政务是一个个的系统，智慧城市是这些系统的系统。当智能无所不在、连接无处不在、数据无处不在的时候，过去不相干的设备、人、物之间的联系越来越紧密，其必然带来一个系统连接另一个系统，小系统组成大系统，大系统组成更大的系统。

制造智能化像从单细胞生物到多细胞生物演进一样，它表现在两个方面：一是单一终端的智能化，机器如一部智能手机，通过更新操作系统实现功能升级，通过工业APP实现各种功能即插即用，通过API（应用程序编程接口）不断扩展。二是系统的智能化，系统在不断演进的过程中，PLM（产品生命周期管理）、MES（生产信息化管理系统）、SCM（软件配置管理）、ERP（企业资源计划）在不同历史阶段、不同层面上扮演连接系统的角色。

在智能制造体系中，德国用CPS（智能制造系统的操作系统）、谷歌公司用Predix这样的开放软件，都在试图连接所有的终端、设备、服务和人员，构建一个智能制造系统的系统。所有的机器、产品、零部件、能源、原材料、工具和平台、管理流程、各级供应商、销售商以及客户，都是系统的重要组成部分。

未来智能商业的企业标配将是“机器换人＋数据驱动+系统集

成”，机器人是新的劳动力，机器互联网化、移动化、智能化，背后都是数据化。只有通过数据驱动，才能让企业效率更高。系统集成就是把企业内外的价值链的大小系统都打通，使之融入到一个系统中。在此基础上，“云—管—端”新型智能制造体系正在形成。

四、案例：海尔互联工厂

海尔早在2012年就开始谋划建设数字化互联网工厂，探索智能制造的模式。目前，海尔已建成四大互联工厂——沈阳冰箱、郑州空调、佛山洗衣机和青岛热水器，两大支撑平台——众创汇用户交互定制平台和海达源模块商资源平台，开启定制化大规模生产模式和智能制造之路。海尔互联工厂颠覆了传统家电业的制造模式。

海尔互联工厂的目标是互联出用户的最佳体验，从用户角度出发，用户全流程参与，实现用户个性化定制的可视化；用户通过多种终端登陆交互平台，实时跟踪由定制内容、定制下单、订单下线到订单配送等十个关节性节点构成的生产全过程。从此，用户不再是产品的被动接受者，而是产品设计制造的参与者。

在生产制造的另一端，零部件供应商纷纷升级为模块商，直接对接用户需求，与用户共同参与产品设计，提升产品增值空间。实时的互联，从用户到产品研发，到供应商，到供应链的全流程整合；自动化生产与用户个性化结合，由为库存生产到为用户创造价值和最佳体验。

New Business Times

结语

“人机共生，物我合一”的未来世界

只有你知道如何制造一个东西，你才真正理解它。

——费曼

凯文·凯利在《失控》中开篇明义：人造与天生的联姻正是本书的主题，并指出人造物与自然生命之间的两种趋势：一是人造物表现得越来越像生命体；二是生命变得越来越工程化。

在笔者看来，商业的未来、知识的未来、文明的未来，它们本质上就是“人”的未来。假设我们认同凯文·凯利的趋势判断，那么，在人工智能奇点临近的时代，是否有新的物种产生？人类自身会走向哪里，未来人工智能和人类是竞争还是共生的状态？下文就尝试探讨这些终极问题。

一、新物种：人工智能的奇点临近

从历史角度来看，在工业时代，智能只有人类所特有，人类发明的蒸汽机和电机设备等机器在物理层面上超越了人类的能力，机器取代体力劳动。在智能时代，机器开始入侵人类智力的地盘，在信息存储和分析处理上，人与机器的差距越来越大。人工智能会不会让机器从智力层面上超越人类？

雷·库兹韦尔的《奇点临近》写于2005年，书中提出奇点是指人类与机器融合，将在2045年创造出新的智能系统，超越现有人类智能，奇点临近，世界将会发生历史性改变。到时候，过去100万年发生的改变，现在可能只需要5分钟。超级计算机深蓝战胜国际象棋冠军卡斯帕罗夫，阿尔法狗（AlphaGo）战胜围棋冠军李世石和柯洁，都是人工智能发展史上的里程碑事件。

推动奇点临近最重要的是大数据，大数据闭环是对人脑的模拟和替代。AI的发展源自我们对自身的模仿，而对AI的探究反过来正在帮助人类理解自身。智能的最高级形式是可以对外部世界进行表征，形成认知、信念和预期，对应神经网络的更高级功能。

机器从海量的数据中学习，这种学习的速度、广度、深度和密度远远高于人类。比如，Google 无人驾驶车在公路上驾驶几百万公里来训练软件如何驾驶，如果一个人类驾驶员犯了一个错误，他会从中吸取教训，也许下次可以不再犯错，但其他人并不会拥有同样的学习经验。但如果是一辆无人驾驶车出现失误，不但它会从中吸取教训，所有其他的无人驾驶车甚至是所有未来的无人驾驶车，也将从中获得新的经验。这意味着一个错误就能训练世界上所有的无人驾驶车。仅从这点上看，无人驾驶车的学习速度远远超过人类。未来无人驾驶比人类驾驶会更安全。

机器学习的优势正在被运用于很多很多的领域。比如，没有任何人能够看完并学习几百万个棋谱，但AlphaGo可以，因此 AlphaGo可以运用比人类多得多的经验数据，围棋水平最终超越地球上的围棋冠军。在医疗诊断领域，机器可以比最优秀的人类医生更准确、更好地诊断人类疾病，医疗的误诊将大大减少；在法律领域，最资深的律师也会在寻找资料和起草合同上输给机器，IBM 的Watson电脑能够在几秒内就拥有90%的资料的准确性，比较起只有70%准确性的人类律师，既准确又便宜。

未来，人类的智能家居生活也会大大不同：当室内温度过高时，空调会自动打开；室内比较干燥时，加湿器会自动调整；到用餐的时间，电饭煲会自动做饭，做好后自动通知主人，一定时间内没人来吃的话，将美食自动存入冰箱。各个物体之间相互影响，相互呼应，不用人工去控制，一切都根据程序设定。我们生活在一个巨大的智能机器里面，智能机器在照顾我们。

随着技术发展，人工神经网络的层数和神经元数量超过人脑，人工智能有自我意识并进行自我进化，最终，在各方面能力超越人类的新物种会出现。

二、新人类：万物互联的超级个体

未来，很多行业会被人工智能改造。创新工场的李开复断言：未来，5秒以下的工作将全面被人工智能替代！同时，未来十年，翻译、简单的新闻报道、保安、销售、客服等领域的人，将约有90%的工作会被人工智能全部或部分取代。金融数据服务商Kensho创始人预计，到2026年，有33%～50%的金融业工作人员会失业，他们的工作将被机器取代。Kensho开发的程序做分析工作只需一分钟，而拿着高达35万美元年薪的分析师们，需要40小时才能做完同样的工作。摩根大通利用AI开发了一款金融合同解析软件，经测试，原先律师和贷款人员每年需要36万小时才能完成的工作，这款软件只需几秒就能完成，而且，不仅错误率大大降低，重要的是它还从不需要休息，不需要休假。

1. 个体如何看待智能时代

作为一个普通人，立足当下，应思考、判断并且行动：在未来几年，如何应对即将到来的智能时代。

首先，人类也因技术赋能变得更加强大。信息化与科技化交融发展的大时代，人与互联网实现深度连接，人与互联网的边界变得模糊，大部分社会单元实现万物互联，人类所有的行动都实现智能化并被存储记录。万物互联会赋予人类极大的“连接力”，让人类升级为“超级个体”。

一是“网络虚拟世界”里传递的信息可以得到瞬间回归和反馈，消除空间和时间上的差异，实现人的视觉、听觉乃至整个神经中枢的延伸。

二是在“传统现实世界”里，我们可以通过现代交通工具在短时间内到达地球上的任意地方。因此，每个个体都可以做更多的事情。比如，量化自我，在数据世界复制个人，人人都有第二人生，虚拟人生（相对于现实社会）；人人都是IP（内容的生产、传播和变现、消费）；人人都是“商店”；人人都是银行和金融机构，直接完成信贷和支付；人人都是Maker，可以自由地创作。

随着AR/VR、脑机接口、情感技术、神经机械、人体芯片等技术的发展，在未来，人类甚至可以跟智能设备结合，出现类似科幻电影《钢铁侠》中主人翁拥有超能力、飞行能力与多种武器的动力装甲，成为超人。

人类将会失去很多就业机会，人类社会也会诞生很多新的就业机会。AI一定会逐步取代简单的人类劳动， 但是也会制造新的机会出来。人工智能或许会让一些行业永久消失，却是人类文明的一大进步，因为它解放了人类的创造力。

2. 个体如何适应未来

作为个体怎样适应它？怎样实现个体的转型？下面从“道、法、术、器”四个层面进行论述。

从道的层面来说，我们要有拥抱变化的意识。这个时代最大的确定就是不确定。个人必须更快更新知识，能力结构实现多元化，不能固步自封，不能仅维持自己原有的知识体系和能力结构。

从法的层面来说，我们要具备快速学习和创造的能力。在一个信息和知识爆炸的时代，人在短短几十年的时间里，面对如此海量的信息，这在人类几十万年的进化史上是没有过的。快速学习的能力体现在对信息的快速采集、处理和应用。未来每个人都会成为如管理学大师德鲁克所说的“知识工作者”，创造力是最核心的能力。

从术的层面来说，我们要提高自己连接资源的能力。随着移动互联网的发展，各种社交媒体的兴起，信息交互和资源配置效率得到极大的提高，人调动可能性资源的能力也大大提升。现在一个人一年做的事情，可能比以前十年做得还要多。

从器的层面来说，我们要学会使用移动互联和智能化工具，君子善假于物。“我们塑造了工具，工具也在塑造我们”，身处这个时代，这是必须的。

三、新世界：人机共生是未来世界终极形态

未来，人类向机器演化，机器向生物演化，机器与人协作，人类、机器构成新的物种生态。进而机器与人类发生竞争，在某些领

域，竞争力弱的人类被淘汰出局。AiphaGo战胜人类只是这个时代的冰山一角。未来，具有强大感知能力的人工智能会不会控制人类?

科幻电影《黑客帝国》中，母体Matrix不仅是一套复杂的模拟系统的虚拟程序，也是一个实际存在的地方。这是由具有人工智能的机器建立的，模拟了人类以前的世界，用以控制人类，在Matrix中出现的人物，都可以看作是具有人类意识特征的程序。

这些程序根据所附着的载体不同可以分为三类:

一类是附着在生物载体上的，就是生活中的普通人。人类身体被放在一个盛满营养液的器皿中，身上插满各种插头以接受电脑系统的感官刺激信号。人类就依靠这些信号，生活在一个完全虚拟的电脑幻景中。

一类是附着在电脑芯片上的，就是具有人工智能的机器。这些载体通过硬件与Matrix连接。

一类则是自由程序，它没有载体，诸如特工、先知、建筑师、梅罗文加、火车人等。后者是机器用这样的方式占领了人类的思维空间，用人类的身体作为电池以维持自己的运行。

Matrix是一个巨大的网络，连接着无数人的意识，系统分配给他们不同的角色，就像电脑游戏中的角色扮演一样，只是他们没有选择角色的权利和意识。人类通过这种联网的虚拟生活来维持自身的生存需要。Matrix中的智能程序，也就是先知的角色，发现在系统中有1%的人由于自主意识过强，不能兼容系统分配的角色，如果对他们不进行控制，就会导致系统的不稳定，进而导致系统崩溃。因此编写Matrix的智能程序，也就是建筑师制造了“救世主”，让他有部分自主意识，并成为觉醒人类的领袖，带领他们建造了锡安（电影中由人类控制的地下组织）。

这是科幻电影给我们呈现的未来“人类”的世界图景。早在

2014年，腾讯副总裁刘胜义首次提出人类正站在Mega Web（有点类似《黑客帝国》的Matrix）的破晓。在Mega Web时代中，用户会越来越趋近于和机器智慧和谐共生，互联网会像电一样浸润生活的各个角落，不可剥离。

《未来简史》作者尤瓦尔·赫拉利认为，机器替代人类将不可避免。最终，大部分的人类将会被机器圈养，只有少数的“精英阶层”通过生物工程和人机结合技术而进化成神人（Homo deus）。

IBM Watson研究中心的科学家、人工智能领域最主要的学术会议之一——国际人工智能联合大会（IJCIA）前主席弗朗西斯卡·罗西（Francesca Rossi）教授提出：人机共生是未来人类使用AI的最好方式。卡耐基—梅隆大学机器学习学院院长曼努拉·维罗索教授（Manuela Veloso）也认为，将来人类与智能系统将是不可分割的，他们需要紧密结合，不断交流信息，她称这种关系为“共生自治”。

首先，机器和人各有所短与所长，互为补充。人类非常擅长发现问题，进行常识推理、理解世界，同时可以基于情感处境进行价值判断。在情感层面，我们理解共情，情绪上有表达，人们就可以互相了解，互相照应。关怀社会进步，关怀地球和自然，改进科学。另外就是创意和创造，人类能够创造出一些新的东西，做组合迁移，组合创意。在有些方面机器又做得比人类好，机器更擅长于统计、数据、大规模计算等。机器可以积累巨量数据，并进行训练成长，不断地完成闭环。一个晚上可以完成几十万次的学习训练。因此人类形式的智能和机器形式的智能可以相互结合，共同探索以做出更好的决策。

人类和机器的对比

机器智能	人类创新
数据：海量的数据存储	情感：理解共鸣
运算：高速、持续地计算和处理	创意：组合迁移
学习：全体不间断、高频次地迭代学习，训练和成长	创造：趋势感知

如果真有人机对战的一天，人类还是应回归创造、创意，以及理解对象、用户的层面。比如，人类医生虽然诊断的速度和准确率没有机器高，但可以花更多时间和病人交流，而不是盯着皮肤组织样本。人工智能不是削弱了“人”，而是更加“以人为本”尊重个性，满足个性，助力发挥个性。

现在绝大多数人都已经离不开手机，手机是我们身体的延伸，这在某种程度上也是“人机共生”。在可见的未来，数字化、智能化、虚拟化的技术和设备将让我们人类和机器完美形成共生关系，“人机并行”将是人类商业生活中的新格局。人机合作可以通过更多的数据获得更多、更深刻、更有洞察力的知识，用更少的资源做更好的决策。希望互联网和人工智能对人类生活的改变，将和农业革命、工业革命带来的改变一样，让世界变得更美好。

新世界的大门已开，一切刚刚开始。

跋　多视角诠释新商业时代

本书是观点和思想的归属，是笔者四年咨询与投资生涯对商业世界观察、思考的系统总结。

笔者认为，人类的整个知识体系犹如一棵倒长的树，根据其内容的深度和广度，人类所有的书籍（知识的载体）可以分为四层。

第一层是土壤源头，是能穿越时空终极的真理，是真正的经典。比如儒家的《论语》，道家的《道德经》，佛家的《金刚经》，基督教的《圣经》，其实它们都谈论同一个问题，只是不同的说法。晚清的王凤仪先生，当代的南怀瑾先生，都在尝试把他们打通来讲。再比如奠定互联网理论基础的“三论”——《信息论》《控制论》《系统论》；如凯文·凯利《失控》的“造物九律”揭示整个互联网时代的底层密码。

第二层是树干，在有限的时空里面，用自己的一套理论体系解释这个世界。为人类另眼看世界打开一个窗口，找到看某个事物的新角度。塔勒布在《反脆弱》中用“脆弱—强韧—反脆弱”来解释这个世界（同样的观点，《道德经》一句话“反者道之动”就说完），彼得·蒂尔在《从0到1》中，用“0—1—N”的三段论来解释创办一个创新企业的运行规律。

第三层是树枝，系统性地描述一个学科或一个核心观念，好比看事物的某一面。比如《影响力》说的是行为心理学，《奇点临近》说的是人工智能，黄仁宇用不同的著作阐释“大历史观”。

第四层是树叶，大部分都是方法论、工具层面的东西，属于实操应用。比如《商业模式新生代》说到的“画布”工具，《精益创业》讲的“开发（产品）—测量（数据）—认知（概念）”的方法论，《参与感》提到的社会化营销的“三三法则”等。

人类知识如浩瀚之海，而吾生有涯，越往上层，内容越少，越难得。这本商业著作尝试用“新商业图景”的全景式视角，提出一种“新范式”。笔者通过自己的观察，再结合自己的体悟，希望能把这个新商业时代的种种商业现象说明白，解释清楚，帮助读者更好地理解新商业世界。笔者自知才疏学浅，要达到这个目标已是超过能力所及，完全是勉力而行。

为更好地描述新商业图景，笔者需要通过多维视角来审视。

首先是高处眼亮看全局。“一个问题的解决往往取决于这个问题的更高层面”。企业的问题要站在产业的层面思考，那么产业的问题呢？当我们在分析产业的时候，不能就产业论产业，而应该站在更高的层面去观照，可能从社会、文明甚至宇宙的视角。站在高处，才能高屋建瓴，大势观澜，让我们看到更清晰的脉络。

其次，底层基础看本质。毛泽东曾经深刻地指出：“我们看事情必须要看它的本质，而把它的现象只看作入门的向导，一进了门就要抓住它的实质，这才是可靠的科学的分析方法。” 厘清概念，回归本质，尝试找出那些看似无法理解的现象背后的规律。认识这些规律，会帮助我们解决一系列重要问题。

需求的本质是什么，创新的本质是什么，为什么？不断地去追问，去深挖底层的东西，你才能找到根本，才能提纲挈领。中国有句谚语叫作“提领而顿，百毛皆顺”，把握产业和商业的本质之所以重要，就在于它是一切商业问题的关键。

再次，放宽时间视野看始终。一是梳理历史沿革，我们从哪里来？“我们能看到多远的过去，就能看到多远的未来”。市场的演变，信息化和通信技术的发展历程，如果放大时间的尺度来观照，很多事情都有其合理性。二是寻找趋势，做预测，看未来，至少要了解终极的图景是什么样子，到哪里去。这样才能见头见尾，贯穿始终。从发展趋势的角度看整个互联网产业渗透的过程，大家都在拥抱这个东西，说归说，具体怎么走，到什么地步、什么位置、什么阶段、什么深度，都还在探索和不断验证的阶段。

最后，知行合一看实践。把认知应用到实践，从实践中抽象成认知。在这个反复循环的闭环过程中，不断地修正认知，调整实践，最后达到统一，实现我们从“观察世界—认识世界—改造世界—重新观察世界”的实践。

任何事物都有其自身的演变逻辑，时代的发展呈现螺旋式上升的形态。看似创新和颠覆，实际上是更久远阶段的回归和复兴；看似重演和惊人地一致，实际上是新时空下的创新和颠覆。我们要做到以史为鉴，发现规律，从而把握规律，做出预测，更好地指导我们的工作和生活。高瞻远瞩，看到本质，把握趋势，顺势而为。

本书引用了凯文 · 凯利、巴拉巴西等互联网大哲的观念，部分资料来自于互联网，很多作者给我很大的启示，观点被直接引用。因为时间关系，难以回溯源头，在此一并感谢。如果有什么问题，欢迎联系笔者，妥善处理。

最后的最后，感谢部分篇章的联合作者：陈静仁、杨修一、张民、李传珍、邸莉、秦晔姐、唐保华、汪行健、史悦等。

出版方面特别感恩赵易老师及其团队的辛劳，原机械工业出版社编辑解文涛，以及《销售与市场》的编辑王放，《互联网经济》的编辑卫丽红，《中外管理》的朱丽，《和君商业评论》的赵长城，和君品牌部的同事熊思佳等。

感谢财经界的女神叶檀老师，磁云科技创始人、原京东高级副总裁李大学老师拨冗作序。

感谢所有撰写短评和推荐语的朋友：光源资本合伙人崔婧，广西财经大学工商学院副院长罗胜，中骏资本董事总经理皮里阳，清华大学市场治理研究中心副秘书长史悦，和君商学战略投资部副总经理赵栋，借箭人才共享平台CEO、《运营有道》作者李明轩，涌泉资本创始合伙人、投行大师兄公众号唯一作者程珺，佰川控股投行总监张智强，中国西班牙校友会主席、华融证券战略部副总经理牛虎，上海财经大学国际工商管理学院副教授、博士生导师万君宝，一元文化董事长、《名品廊》创刊人兼总编谭浩，智筹创始人兼CEO周磊，《好好学习》作者、得到APP“每天听本书”说书人成甲等。

特别感谢邓尧先生对整体书稿的修订，我的二舅顿德化先生的督促，我的爱人温玉婷女士在写作期间的细心照顾、监督和鼓励。

陈能杰